教養・専門のあらゆる科目に対応！

公務員試験
速攻の時事

資格試験研究会 編
実務教育出版

令和 **5** 年度 試験完全対応

はじめに

　本書は，「公務員試験における時事とは何か」を勉強するための唯一の本格的テキストである。

　一般の就職試験の時事と公務員試験の時事は違う。そのため，制作にあたっては，初級（高卒程度）から上級（大卒・院卒程度）までの各公務員試験の教養科目・専門科目に可能な限り目を配った。

　公務員試験のあちこちに登場する政治・経済・法律・社会・科学の時事問題には，これ1冊でほとんどすべて対応できる。しかも，各テーマは「出る順」にランクづけし，それぞれの要点は「出る文」にまとめた。

　時事問題対策は，積み重ねの勉強が必要ないだけに，直前の点数アップにはかなり有効である。また，本書を読むと，自分が公務員の世界に入っていくとの感覚も強く持てるに違いない。時事の勉強を通じて公務員への道をより確かなものにしてもらいたいというのが，著者の願いである。

　なお，この『公務員試験 速攻の時事』の知識確認のために，『公務員試験　速攻の時事 実戦トレーニング編』も出版されている。本書と併せて利用し，知識の定着と実戦力アップを図ってほしい。

執筆責任者
高瀬淳一

公務員試験における「時事」とは

▶4種のネタ

　時事問題を解くのに必要な知識は，公務員試験でも民間企業の就職試験でも同じだと思っている人がいる。そして，企業向けの一般常識の本で公務員試験を乗り切ろうとする。しかし，これは無謀である。というより，公務員試験における「時事」とは何かを知らなさすぎる。

　公務員試験の時事問題を解くのに必要な知識は，主に次の4つの要素から構成されている。

①**白書**（中央官庁などが出す行政に関する「年次報告書」。そのほか，公式の各種報告書）

②**統計**（調査結果を数値で表したもの。政府あるいは政府系の研究機関が発表したものがほとんど）

③**施策**（中央官庁や自治体が行った政策の具体的内容。新法の制定や法改正を伴うものが大半）

④**動向**（各国の政治動向や経済動向など，そのときどきの情勢を一般的に記述したもの）

　行政を担おうとする者には，この4つの「ネタ元」を勉強することが求められている。なにしろ，動向を注視し，統計で調べ，施策を打って，白書で報告するのが，公務員の基本的な仕事のスタイルだからだ。

▶教養試験の時事問題

　ありとあらゆる公務員試験で時事は出題される。しかも，時事が出題される科目は，教養試験（基礎能力試験）にも専門試験にも，そして論述にもある。

①国家公務員試験

　まず，国家公務員試験では，**基礎能力試験の知識分野で「時事」が出題される**。この知識分野の出題数は13問だ（院卒試験は6問）。

　人事院はその内訳については明言を避け，「自然・人文・社会（時事を含む）」と表現している。だが，過去の出題例を見る限り，13問の内訳は自然・人文・社会の合計10問に，**時事3問**である。ゆえに本書では，国家公務員試験（国家総合職，国家一般職［大卒］，国家専門職［大卒］）の基礎能力試験の知識分野について，「時事」という「隠れ科目」が存在していると考えることにする。

　ちなみに，令和4年度の「時事」の出題テーマは，国家総合職が「近年の交通機関や探索調査等」「近年の各国の動向」「東京2020オリンピック・パラリンピック」，国家一般職［大卒］が「近年の科学技術等」「近年の教育等」「近年の社会情勢」，国家専門職［大卒］が「日本の医療と健康」「近年の世界の動向」「近年の日本における法改正等」だった。

②地方公務員試験

　地方公務員試験でも，やはり教養試験で時事問題が多く出題されている。出される科目は「**政治・経済**」や「**社会**」である。なお，東京都Ⅰ類や特別区Ⅰ類の科目にある「**社会事情**」は，当然，すべてが時事だ。

　出題のパターンは大きく分けて2種類ある。基礎知識を問う問題の一部に時事を含めているパターンと，時事そのもので5つの選択肢がつくられているパターンである。たとえば，選挙制度についての問題で，基礎知識とともに最近の制度改正を選択肢の一部に含んでいるようなものが前者の例である。

　時事そのものの出題は，「経済」における経済動向や，「社会」における厚生労働行政に関するものが多い。特に「社会」の出題範囲は広く解釈されているようで，環境問題も犯罪動向も世界遺産もすべて対象に含まれている。

　また，平成30年度から地方公務員試験の一部で導入された「**新教養試験**」では，**これまでよりも時事を重視**し，幅広い分野の題材（ICT・環境問題・社会保障等）から出題するとしている。特に市役所受験者は，以前にも増してしっかりと時事対策をしておく必要がある。

▶専門試験の時事問題

　専門試験でも時事についての知識は欠かせない。まず，行政系科目では，「**政治学**」や「**行政学**」で，制度改正についての出題が多く見られる。さらに「**国際関係**」では，最近の国際情勢が当然のように問われる。また，地方上級の科目にある「**社会政策**」でも，社会保障や労働問題についての時事が出ている。

　経済系科目では，「**経済事情**」と「**財政学**」で必ず時事が出題される。ちなみに，国税・財務専門官では「**経済学**」で経済事情が必ず2問出題されてきた。

　「経済事情」の出題内容がすべて時事であるのは当然として，「財政学」の内容も大半は時事問題であると考えておくほうがよい。実際，一般会計予算や税制改正の内容は，公務員試験でも屈指の頻出時事テーマになっている。

　法律系科目で時事が出題されるのは，主として違憲判決や大きな法律改正があった場合だ。特に六法の改正には気をつけておこう。

　なお，各種試験の一般論文・政策論文でも時事ネタはよく取り上げられているし，面接や集団討論でも時事の知識が問われることがある。外務省専門職員試験には第1次試験に「時事論文試験」がある。今後の採用においては，どの試験でも，行政の現状と課題を踏まえて実際に政策を立案・実行していけるかが重視されていく。本書とともに，姉妹編の『**論文・面接で問われる行政課題・政策論のポイント**』をしっかり読み込んで，アピールにつなげてほしい。

本書の特長と使い方

▶白書を徹底研究

本書は，先に述べた①白書，②統計，③施策，④動向の全要素をきちんとフォローしている。このうち白書については，各章で次のような対応をしている。

第1章「日本政治」と第2章「国際政治」では，『**外交青書**』をメインに，『**開発協力白書**』や『**防衛白書**』のポイントを整理した。

第3章「日本経済」は『**経済財政白書**』を徹底して読み込んだうえで書かれている。

第4章「経済政策」では，『**通商白書**』『**観光白書**』『**国土交通白書**』『**食料・農業・農村白書**』から重要事項を抽出した。

第5章「財政」では，『**経済財政白書**』『**地方財政白書**』を参照している。

第6章「世界経済」では，『**通商白書**』をメインに『**世界経済の潮流**』もフォローしている。

第7章「厚生」と第8章「労働」では，『**厚生労働白書**』を中心に，関連テーマに合わせて『**少子化社会対策白書**』『**高齢社会白書**』『**障害者白書**』『**労働経済白書**』『**過労死等防止対策白書**』などを参照している。

第9章「文部科学」では，『**文部科学白書**』と『**科学技術白書**』を分析。『**情報通信白書**』も見ている。

第10章「環境」では，『**環境・循環型社会・生物多様性白書**』のほか，必要に応じて『**エネルギー白書**』にも触れている。

第11章「司法警察」では，『**警察白書**』『**犯罪白書**』『**交通安全白書**』から，必要なデータなどを集めている。

第12章「社会問題」では，『**防災白書**』『**消費者白書**』『**男女共同参画白書**』などをチェックしている。

このほか，関連する府省庁のホームページ等を参照している。

▶まず白書の統計をフォロー

「時事」というと最新の情勢についての知識だと思われがちだが，そうとは限らない。公務員試験の場合，基本は白書が取り上げている動向であり，白書に書かれている統計数値だ。

2023年度（令和5年度）の試験ならば，出題のもととなる白書は2022年に出た白書。そこに書かれている統計は2021年か2020年のものとなる。つまり，時事対策としては，少し前の動向を理解することから始めなければならないのだ。

とはいえ，1年半もたてば事情は変わる。そこで本書は必要に応じて2022年の統計を補っている。よく最新の統計を「あしもと」というが，本書はこの足元まで押さえているのが特長だ。

4

特に，日本経済のGDP関連統計については，2022年12月の内閣府の公表資料に基づいた数値を載せてある。9月に発表された『経済財政白書』の数値とは異なるので注意してほしい。

　ちなみに，経済統計の数値は変わる。経済統計には速報値，改訂値，確定値などの種類があって，数値がどんどん変わっていくのだ。したがって，数値は出題されるが，丸暗記する意味はない。統計問題の対策では，まず数値を大まかにつかみ，あとは変化の方向に注意するように心がけてほしい。

　なお，統計数値には「暦年」のものと「年度」のものがある。どちらを使用するかは，白書の記述や過去問の傾向に従った。財政（第5章）では試験に合わせて年度の表示に元号も使用した。

　また，本文中の統計や法律の表記では通称も用いた。個人名についている肩書きは，当時のものである。

▶本書の構成

①★によるランクづけ

　本書で取り上げた各テーマの横には，出題可能性を表す★がつけられている。★★★は最重要の必修テーマ，★★は出題可能性が高い要注意テーマ，そして★は出る可能性を否定できないテーマである。

　テーマの下には，今年の注意点や重要度などを簡単に説明する1文が書かれている。ここで学習のモチベーションを高めて，本文を読み進めてほしい。

　なお，本文横の「注スペース」には補足情報だけでなく，関連事項をコラムの形で入れている。本文の理解を助けるための情報コーナーだ。

②「出る文」と「出る文チェック」

　本書は公務員試験の時事対策用の「要点整理本」である。それでも，本文にはかなり詳しい内容まで書かれている。難易度の高い出題にも，十分に対応できるようにするためだ。

　内容を充実させると，どこが問われやすいのかがはっきりしなくなる。そこで，各テーマの最後に「出る文」をつけた。本文のポイントを公務員試験の正解の選択肢の形で，覚えやすくしたものだ。

　自分があまり勉強したことがない分野だと，どうしても知識が頭に残らない。そういったときは，この「出る文」だけでも繰り返し読んでほしい。

　また，各章末には「出る文チェック」をつけた。穴埋めに挑戦しながら，出る文の内容を復習しよう。

令和5年度公務員試験
出題予想時事テーマベスト10

第1位	**こども政策** 定義は「心身の発達の過程にある者」。なら，私もこども？	→ p.88
第2位	**経済安全保障** 岸田内閣の目玉政策。出題攻勢からの安全は本書で確保！	→ p.52
第3位	**デジタル田園都市国家構想** デジデン甲子園？ 当然メタバースにあるんだよね？	→ p.14
第4位	**物価** 高騰する物価。出題可能性もうなぎのぼり！	→ p.47
第5位	**ヨーロッパ情勢** マカロン，メロンにスナック。そう聞こえたら，即ヌン活！	→ p.32
第6位	**GX** ゴールは脱ロシアと脱炭素の同時達成。新しい景色が見たい！	→ p.136
第7位	**一般会計当初予算** 予算は100兆円オーバー。1億円札があったら100万枚！	→ p.66
第8位	**刑法** 懲役や禁錮が死語に。昔の裁判シーンはどうなるの？	→ p.144
第9位	**アメリカ経済** 景気が急回復。LAの最低時給も一風堂の一杯も2000円以上！	→ p.78
第10位	**高等教育改革** 出世払いでいいんだって。なら，名ばかり店長はお断り！	→ p.118

ウクライナ侵略 （進行中なので，出るのは経緯，制裁，影響！）
育児・介護休業 （産後パパ育休がスタート。こども政策関連！）
道路交通法 （自動運転・新モビリティ時代のルールが誕生！）

2022年4月，こども基本法が成立。2023年4月には「こども家庭庁」が設置される。新設官庁関連は国家公務員試験では出題必至。基本法の内容は地方公務員試験でも出るにちがいない。こどもまんなか，試験でもまんなか！

岸田首相がスローガンに掲げた「新しい資本主義」(p.16)。関連施策は徹底マークだ。経済政策では「経済安全保障」と「人への投資」に要注意。12月に決まった防衛政策（p.24）も話題だが，出るのはこっちだ！　知らんけど。

政府の地方活性化策は「地方創生」から「デジタル田園都市」に様変わり。基本構想が変わった以上，ポイント整理に加え，論述・面接でのコメント準備も必要だ。自治体情報の収集では「Digi田甲子園」もチェックしておこう！

日本経済の統計では，定番のGDPの動き（p.42）とともに，物価統計のフォローが不可欠。物価高騰に対応する経済対策（p.54）も併せて学習だ。岸田政権が賃金アップを目指す以上，賃金動向（p.49）の確認も忘れずに！

2021年にはドイツで，2022年にはイギリスとイタリアで首相が交代。2022年にはフランス大統領選挙（p.31）もあった。これで4択。あとは2022年に選挙があったハンガリーかスウェーデンを入れれば，なんなく1丁あがり！

電力供給の現状と脱炭素の技術革新を組み合わせた問題に注意。エネルギー問題（p.135）からGXまでは一気に熟読。ちなみにCO_2削減の中期目標は2030年度が期限（p.132）。アディショナルタイムはゼロと思って全員で前へ！

財政では定番の一般会計当初予算が出題最有力。10年連続で過去最大を更新した点や，10年連続で防衛関係費が増額された点などが問われる。今年は2回の補正予算（p.68）も出題圏内。ついでに出題も大盤振る舞い！

2022年，刑法では115年ぶりに刑の種類が見直され，民法（p.145）も民事訴訟法（p.146）も一部を改正。4月には成年年齢が引き下げられ，改正少年法も施行された（p.153）。六法がらみの出題は疑いなし！　タイパは訴訟でも！

2021年の実質GDP成長率は37年ぶりの高成長。財貿易の赤字は過去最大。雇用もコロナ禍前レベルに回復し，物価は急上昇。インフレ懸念から2022年にFRBは利上げに転換。大統領は史上最高齢だし，アメリカは今，なんでも上向き！

岸田内閣で誕生した教育未来創造会議の初仕事。奨学金の出世払い制度の導入，大学生の5割を理系にするとの数値目標，リカレント教育の促進などを掲げた。リスキリング（p.53）と似すぎなので，違いをリマインド！

7

令和5年度試験完全対応　公務員試験　速攻の時事
目次

はじめに	1
公務員試験における「時事」とは	2
本書の特長と使い方	4
令和5年度公務員試験	
出題予想時事テーマベスト10	6

第1章　日本政治

内閣	12	日本の外交	20
デジタル庁	13	政府開発援助（ODA）	22
デジタル田園都市国家構想	14	安全保障関連3文書	24
新しい資本主義	16	日本政治の出る文穴埋めチェック	26
国政選挙	18		

第2章　国際政治

ウクライナ侵略	28	アジア情勢	36
G7サミット	30	アフガニスタン情勢	38
フランス政治	31	核開発・核軍縮	39
ヨーロッパ情勢	32	国際政治の出る文穴埋めチェック	40
アメリカ政治	34		

第3章　日本経済

日本のGDP	42	物価	47
家計部門	43	労働市場	48
国際収支	44	賃金	49
貯蓄・投資バランス	46	日本経済の出る文穴埋めチェック	50

第4章　経済政策

経済安全保障	52	経済対策	54
人への投資と分配	53	PPP／PFI	56

農業	57	金融政策	62
観光政策	58	経済政策の出る文穴埋めチェック	64
EPA／FTA	60		

第5章　財政

一般会計当初予算	66	財政赤字の国際比較	72
一般会計補正予算	68	税の国際比較	73
令和4年度税制改正	69	社会保障の給付と負担	74
政府の債務	70	地方財政計画	75
財政健全化	71	財政の出る文穴埋めチェック	76

第6章　世界経済

アメリカ経済	78	原油価格	84
中国経済	80	食料価格	85
ユーロ圏経済	82	世界経済の出る文穴埋めチェック	86
アジア経済	83		

第7章　厚生

こども政策	88	感染症法	98
児童福祉法	89	介護保険制度	99
少子高齢化	90	自殺対策	100
少子化対策	92	障害者制度	101
医療	94	厚生の出る文穴埋めチェック	102
年金制度	96		

第8章　労働

柔軟な働き方	104	労働時間	107
非正規雇用	105	雇用保険法・職業安定法	108
労働時間制度	106	育児・介護休業	109

9

女性の就業	110	障害者の雇用	113
若年者の雇用	111	労働の出る文穴埋めチェック	114
高齢者の就業	112		

第9章　文部科学

令和の日本型学校教育	116	日本の先端技術	122
学校における働き方改革	117	スポーツ政策	124
高等教育改革	118	文化政策	125
GIGA スクール構想	120	世界遺産	126
科学技術政策	121	文部科学の出る文穴埋めチェック	128

第10章　環境

気候危機	130	生物多様性	138
日本の温暖化対策	132	プラスチック資源循環	140
脱炭素経営	134	地域循環共生圏	141
エネルギー問題	135	環境の出る文穴埋めチェック	142
GX	136		

第11章　司法警察

刑法	144	著作権法	150
民法（親子法制）	145	犯罪の動き	152
民事訴訟法	146	少年法	153
成年年齢引き下げ	147	道路交通法	154
所有者不明土地	148	司法警察の出る文穴埋めチェック	156
個人情報保護法	149		

第12章　社会問題

防災対策	158	男女共同参画社会	164
国土強靱化	160	政策決定への女性の参画	166
食品問題	161	国勢調査	168
消費者行政	162	社会問題の出る文穴埋めチェック	170

索引	171

第 1 章

日本政治

内閣

出題可能性 ★★

2年目に入り岸田内閣は本格稼働。前の2つの内閣と比べて特徴を理解！

1 日本政治

◇安倍晋三内閣

　安倍内閣の期間は2012年12月から2020年9月までの約7年8か月❶。第1次安倍内閣（2006～2007年）を合わせると，**憲政史上の最長内閣**となった。

　経済政策では，大胆な金融緩和などで経済成長を図る**アベノミクス**を展開。安全保障政策では，集団安全保障の行使を容認し，**平和安全法制**などを整備した。

◇菅義偉内閣

　菅内閣の期間は2020年9月からのほぼ1年❷。その間ずっと，感染防止やワクチン接種など，**新型コロナウイルス感染症への対応**に追われた。

　政策では規制改革を重視。デジタル化による行政改革の推進に向け，**デジタル庁**を創設した（次ページ）。

◇岸田文雄内閣

　岸田内閣は2021年10月に発足。**デジタル田園都市国家構想**を掲げ，官民連携で**成長と分配の好循環**を図る**新しい資本主義**の実現を目指すとした。経済成長の「果実の分配」を強調した点が特徴的だ。

　組閣では新たに**経済安全保障**の担当大臣を任命❸。重要物資の供給の安定化や経済を使った他国からの政治的圧力への対抗などに力を入れる。

　こども政策担当大臣も新たに任命。菅内閣から検討されてきた**こども家庭庁**の創設も実現させた❹。

❶この間，与党（自民党と公明党）は6回の国政選挙（衆議院3回，参議院3回）のすべてで勝利（政権交代時を含む）。衆参両院で過半数を大きく上回る議席を得て，安定した政権運営を続けた。

❷退陣理由は，安倍内閣は体調不良，菅内閣は支持率低迷。

❸経済安全保障政策の詳細はp.52参照。

❹こども家庭庁の詳細はp.88参照。

出る文

➡ 安倍内閣は，2006～2007年と2012～2020年の合計で，憲政史上の最長を記録した。

➡ 岸田内閣は，官民連携で「成長と分配の好循環」を図る「新しい資本主義」の実現を目指している。

デジタル庁

出題可能性 ★ ★ ★

2021年にデジタル庁が発足。デジタル改革，規制改革，行政改革を一体的に推進！

◇デジタル庁

2021年，内閣直属の新官庁として**デジタル庁**が発足。**他省庁に是正を勧告できる強い権限**が認められ，縦割り行政の弊害を打破しながら国全体のデジタル化を主導することとなった❶。

デジタル庁が目指すのは，**デジタル改革，規制改革，行政改革の一体的な推進**。デジタル社会にふさわしい行政機能の整備を進める。

庁内にはデジタル臨時行政調査会（**デジタル臨調**）を設置。現行法令上の検査や書面掲示など，デジタル社会に合わない約5000の「アナログ規制」を2022年からの3年間で見直す。

◇デジタル重点計画

デジタル庁は，デジタル社会形成基本法に基づき，2021年に**デジタル社会の実現**に向けた**重点計画**を策定。2022年6月にはデジタル田園都市国家構想（p.14）を踏まえた改正重点計画を発表した❷。

国民向け行政サービスのデジタル化では**マイナンバーカードの活用**を強調。健康保険証としての利用は2021年に始まったが，今後さらに運転免許証や各種国家資格情報との一体化などを図っていく❸。

暮らしのデジタル化では，医療，教育，防災，子ども，交通など「**準公共分野**」での**データ連携**が課題。電子カルテの標準化や防災業務のデジタル化などを進める。

❶政府機関のサイバーセキュリティの統一基準化なども担当する。

❷ブロックチェーン技術を用いた新しいインターネットサービス「Web3.0」の推進も盛り込んだ。

❸運転免許証としての利用はp.155参照。

モビリティの高度化

デジタル庁は2022年8月に「デジタルを活用した交通社会の未来2022」を決定。自動運転やドローンによるモビリティの高度化を推進する。

出る文

➡ 2021年に内閣直属の新官庁として発足したデジタル庁には，他省庁に是正を勧告できる強い権限が認められている。

➡ 2022年6月の「デジタル重点計画」は，行政サービスのデジタル化について，マイナンバーカードの活用推進を掲げた。

1 日本政治

デジタル田園都市国家構想 出題可能性 ★★★

デジタル田園，略して「デジデン」。地方公務員を目指すなら「Digi田甲子園」もチェック！

◆基本方針

2022年6月，政府はデジタル田園都市国家構想基本方針を閣議決定[1]。デジタル技術を用いて地方の社会課題を解決し，「全国どこでも誰もが便利で快適に暮らせる社会」の実現を図るとした。

基本方針は重要業績評価指標（KPI）として，2024年末までに**1000自治体がデジタル実装に取り組む**と明記[2]。地方の社会課題の解決や魅力の向上を図る。

そのほか，2024年度末までに**1000自治体にサテライトオフィス等を設置**。「転職なき移住」を推進し，地方への人の流れを促す。

構想実現にはインフラの整備も不可欠。基本方針には**光ファイバの世帯カバー率や5Gの人口カバー率**についての数値目標が掲げられた[3]。さらに，全国各地に十数か所の地方データセンター拠点を整備。日本を周回する海底ケーブル＝**デジタル田園都市スーパーハイウェイ**も2025年度末までに完成させる。

構想実現に向けたデジタル人材の育成・確保については，**230万人のデジタル推進人材の育成**を宣言。専門的なデジタル知識を持ち，デジタル実装による地域の課題解決を牽引する人材を増やす。

加えて，**デジタル人材地域還流戦略パッケージ**を通じ，デジタル人材の地域への還流を促進。自治体や地域企業への人材マッチングを支援する。

誰一人取り残されないための施策では，2022年度に2万人以上で**デジタル推進委員**の取組みをスタート。デジタル機器やサービスに不慣れな高齢者等に対し，利用方法などを教える。

政府はデジタルを活用した地域活性化を促すため，デジタル田園都市構想の表彰制度＝**Digi田甲子園**を創設。2022年の「夏の甲子園」については，特設サイトで参加自治体の動画を見ることができる[4]。

---

[1] 同日に閣議決定された「新しい資本主義のグランドデザイン及び実行計画」（p.16）でも，デジタル田園都市国家構想は経済社会の「多極集中化」への転換に向けた施策の柱とされている。

[2] デジタルを活用した地域づくり・まちづくりを推進するため，経営人材を国内100地域に展開する。

[3] 光ファイバは2027年度末までに99.9%が目標。5Gは2023年度末に95%，2025年度末までに97%，2030年度末までに99%が目標。

[4] 2022年末の「甲子園」には個人や企業も参加。

◆総合戦略

　2022年12月，政府は「基本方針」に沿って，地方活性化に向けた各府省の施策を取りまとめた「**デジタル田園都市国家構想総合戦略**」を策定❺。2023年度からの5年間に実施する。

　社会的課題の解決では，①地方に仕事をつくる，②地方への人の流れをつくる，③結婚・出産・子育ての希望をかなえる，④魅力的な地域をつくる，の4分野を重視，これまでの取組みを加速する。

　①では，キャッシュレス決済やスマート農業の普及などを促進。②では，「**オンライン関係人口**」の拡大や地方大学の魅力向上などを図る❻。

　③の結婚・出産・子育てについては，デジタル技術を活用した「こどもDX」を提唱。④の地域の魅力づくりでは，教育や医療におけるDX促進や地域コミュニティ機能の強化などを盛り込んだ。

　また，「総合戦略」では，「基本方針」に示されたデジタル実装に向けた施策をさらに具体化。①デジタル基盤の整備，②デジタル人材の育成・確保，③誰一人取り残されないための取組みのそれぞれについて，工程表も作成した。

　地方自治体には，地域の個性や魅力を生かした「地域ビジョン」の再構築を要請。国はデジタルの力を活用し，同様の社会課題を抱える複数の自治体の連携を促していくとした。

✏ DX（デジタルトランスフォーメーション）

デジタル技術を活用して，ビジネスモデル，組織，働き方などを変革（トランスフォーム）すること。「新しい資本主義」でも重要視されている。

❺これまでの「まち・ひと・しごと創生総合戦略」を抜本的に改訂。

❻「関係人口」は，「第2期まち・ひと・しごと創生総合戦略」以降に使われるようになった概念。東京から地方への人口移動が思うように進まないなか，本格的な移住とも一時的な交流とも違う形で特定の地域に継続的にかかわる人々をさす。

出る文

➡ 2022年6月，デジタル技術を用いて地方の社会課題を解決するとした「デジタル田園都市国家構想基本方針」が閣議決定された。

➡ デジタル田園都市国家構想基本方針は，2024年末までに1000自治体がデジタル実装に取り組むとの数値目標を掲げた。

➡ デジタル田園都市国家構想基本方針は，230万人の「デジタル推進人材」を育成するとした。

➡ 2022年12月，政府は2023年度からの5年間に実施する具体策を「デジタル田園都市国家構想総合戦略」に取りまとめた。

新しい資本主義

出題可能性 ★★★

岸田内閣の看板政策。2022年6月に決定した「グランドデザイン」をざっくり整理！

◆「新しい資本主義」の理念

　岸田首相が政策スローガンの1つに掲げた「新しい資本主義」。2022年6月に「**新しい資本主義のグランドデザイン及び実行計画　～人・技術・スタートアップへの投資の実現～**」が閣議決定され，各府省で具体策の実施に向けた作業が始まった。

　新しい資本主義の特徴を一言で言うと「**市場も国家も**」。資本主義は歴史上「市場か国か」の選択をめぐって揺れ動いてきたが，「新しい資本主義」では**新たな官民連携による課題解決**を目指すのだという❶。

　官民連携では，国の支援による新たな市場の創造も推進。イノベーションを後押しする。経済成長の果実の分配における「目詰まり」を解消。成長と分配の好循環を実現させる。社会的課題の解決でも官民連携を促進。民間も公的役割を担う社会を目指していく。

　なお，国家の安全保障については「新しい資本主義」の基礎的条件に位置づけ。エネルギーや食料を含めた**経済安全保障の強化**を図るとした❷。

◆「新しい資本主義」の重点分野

　「新しい資本主義のグランドデザイン及び実行計画」は各分野の具体策を網羅的に記載。そのうち重点投資対象に選ばれたのは以下の4分野だ❸。

　①**人への投資と分配**：賃金引き上げの推進，労働移動の円滑化，資産所得倍増プランの策定，幅広い世代の活躍支援，多様性の尊重，人的資本に関する企業の取組みの見える化など。労働力不足時代を見据え，人への投資による付加価値の向上を目指す。

　②**科学技術・イノベーション**：量子コンピュータの開発，AI技術の実装，微生物を利用したバイオものづくり，再生医療・遺伝子治療など。研究開発は私企業のみに任せると過少投資となりやすいことから，官民連携の取組みを強化する。

❶「グランドデザイン」の説明によると，資本主義は当初の自由放任主義に始まり，福祉国家化（国家介入の是認）と新自由主義化（市場競争重視）という2回の転換を経験。だが，新自由主義は成長とともに格差などの弊害をもたらし，さらなる転換が必要になった。

❷経済安全保障についてはp.52参照。

❸以下の4分野の具体策については，それぞれ関連ページを参照。

❹フリーランスの取引適正化法制の整備，未上場株のセカンダリーマーケットの整備，事業再構築のための私的整理法制の整備，M&Aを目的とする公募増資の円滑化などが盛り込まれた。

③スタートアップとオープンイノベーション：スタートアップ（新興成長企業）の起業・育成を促す**スタートアップ育成5か年計画**の策定，ベンチャーキャピタルへの公的資本の注入や公共調達の活用，オープンイノベーション（社外のリソースを柔軟に活用した技術革新）の促進など❹。イノベーションは新規企業だけの競争的市場でも大企業だけの寡占的市場でも生まれにくいことから，スタートアップ支援と既存企業のオープンイノベーションを合わせて進める。

④**GX・DX**：脱炭素社会を目指すGX（グリーントランスフォーメーション）では「GX経済移行債」を創設，DX（デジタルトランスフォーメーション）では**ポスト5Gの開発**に力を入れる❺。経済社会全体の大変革を早期に実現し，国際競争力を強化することがねらいだ。

◆ 課題解決型の経済社会システムの構築

「課題先進国」とも呼ばれる日本。課題解決を成長のエネルギーととらえ，新たな視点で経済社会システムを構築していく必要がある。

「新しい資本主義」で重視される視点は，短期的な収益ではなく社会的価値。社会面・環境面の影響も考慮して活動する「**マルチステークホルダー型企業社会**」への転換を求めていく❻。

民間で公的役割を担う新たな法人形態も検討❼。公的施設の民間運営（コンセッション）も拡大する❽。

❺GXについては，p.136参照。

❻ステークホルダー＝利害関係者

❼検討されるのは，営利企業とNPO（非営利団体）の中間形態。アメリカの多くの州では法制度上，社会性を重視した営利企業の活動が認められている（「ベネフィットコーポレーション」と呼ばれる）。

❽コンセッション方式とは，公共主体が施設の所有権を持ったまま施設の運営権を民間事業者にゆだねること。

出る文

➡ 岸田内閣は，2022年6月，官民連携による課題解決を掲げた「新しい資本主義のグランドデザイン及び実行計画」を決定した。

➡「新しい資本主義」では，人への投資による付加価値の向上を目指して，賃金引き上げの推進などが図られる。

➡ 政府は「スタートアップ育成5か年計画」の策定などにより，スタートアップの起業・育成を支援するとしている。

➡「新しい資本主義」では，社会や環境に配慮して活動する「マルチステークホルダー型企業社会」への転換が促進される。

国政選挙

出題可能性 ★★

2年連続で国政選挙。今後しばらくないなら，出すしかない！

1 日本政治

◇選挙結果

2021年10月，岸田首相は衆議院を解散。**総選挙が4年ぶりに実施された。**

野党（立憲民主党や共産党など）は選挙協力を実施。多くの小選挙区で候補者を一本化し，与党（自民党・公明党）に対抗した。

結果は与党の辛勝。自民党は議席を減らしながらも**絶対安定多数を確保**し，公明党は議席を増やした❶。一方，立憲民主党と共産党は議席減。野党共闘に加わらなかった日本維新の会は大きく躍進した❷。

2022年7月の参院選でも与党は勝利。改選議席の過半数を獲得した❸。野党では立憲民主党，共産党，国民民主党がやはり議席減。日本維新の会とれいわ新選組が議席を増やし，参政党は初議席を得た。

既存政党で改憲に前向きなのは，自民・公明・維新・国民の4党。今やその議席数は衆議院でも参議院でも3分の2を超えている。

◇衆議院の選挙制度

2016年の定数是正（改正公職選挙法等）で，都道府県への小選挙区数の配分方式も刷新。国勢調査を用いて10年ごとに見直すルールを導入した。

計算方法には，アダムズ米元大統領が考案した**アダムズ方式を採用。**議員1人当たりの人口（全人口÷議員定数）を「基準値」として都道府県の人口を割り，小数点以下を切り上げて，配分されるべき議員数を出す。切り上げにより，**どの都道府県も最低1議席が割り当てられる**のが特徴だ。

もしこの計算で議員数が定数を超えたら，議員定数に合うように基準値を上げて再計算し，調整する❹。

2020年の国勢調査の結果をもとに2021年12月に発表されたのは**都道府県の小選挙区数の10増10減**❺。これに伴い140の選挙区が変更された。改正公職選挙法（区

❶絶対安定多数とは，衆議院の全常任委員会に委員長を出し，なおかつ委員会の過半数の委員を得られるだけの議員数。

❷投票率は戦後3番目に低い55.93%（前回比2.25ポイント増）。期日前投票の利用者は全有権者の19.49%だった。

❸投票率は52.05%（前回比3.25ポイント増）。期日前投票利用者は18.60%だった。なお，この選挙ではコロナ郵便投票法による「特例郵便等投票」が実施された。

❹たとえば10議席をABC3県（人口は250，180，70で計500）に配分するとする。基準値50（500割る10）ではA＝5，B＝4，C＝2の計11議席になる。基準値を60にすると，5，3，2の配分となり，目指す10議席となる。

❺比例代表でも3増3減が実施される。

割り法）は2022年11月に成立。次回総選挙から実施される。

◇参議院の選挙制度

2018年，**参議院の議員定数の「6増」**を定めた改正公職選挙法が成立。議員定数は248に増やされることになった。定数の純増は，本土復帰に向けて沖縄選挙区を設けた1970年以来の出来事だ。

この改正では個人を選べるところに利点がある「非拘束名簿式の比例代表」に**「特定枠」**を導入。政党が決めた一部の候補者について，選挙運動なしで優先的に当選できる仕組みを設けた❻。

◇1票の格差

2017年の総選挙の1票の格差（議員1人当たりの有権者数の地域格差）は最大1.98倍。これについて最高裁は2018年「憲法が要求する投票価値の平等に反する状態にあったとは言えない」として**合憲判決を出した**。事実上，2倍以下なら容認できるとの姿勢を示した格好だ❼。

2019年の参院選の1票の格差（最大3.002倍）についても，最高裁は2020年に**合憲と判決**。「著しい不平等状態にない」とした。ただし，これは15人の裁判官のうち10人の多数意見。判決には，1票の格差の縮小が「大きな進展を見せていない」との批判も書き込まれ，国会に対して取組みの継続を求めた❽。

国民審査法

最高裁判所裁判官の国民審査について定めた法。2022年5月，最高裁は在外国民の審査権を認めていないことから同法を違憲と判決。

❻特定枠候補者は，通常の候補者に認められるポスター掲示や個人演説会などの選挙運動が禁止されている。

❼2021年の総選挙の1票の格差は2.08倍。高裁での判決は合憲9，違憲状態7。最高裁の判断は2023年に行われる。

❽2022年の参院選の1票の格差は3.03倍。高裁での判決は合憲7，違憲1，違憲状態8。最高裁の判断は2023年に行われる。

出る文

➡ 2021年10月の総選挙では，野党共闘が大きな成果を上げられなかった一方，自民党は絶対安定多数を維持した。

➡ 2022年7月の参院選の結果，憲法改正に前向きな政党が占める議席数は衆議院でも参議院でも3分の2を超えた。

➡ 特定枠とは，参院選の比例区選挙において，政党が指定した候補者が選挙運動なしで優先的に当選できる仕組みである。

➡ 2020年，最高裁は2019年の参院選における3.00倍の1票の格差について，合憲との判決を下した。

日本の外交

出題可能性 ★ ★ ★

岸田首相は外交でも新しい指針を表明。理想と現実の両立を図る！

1 日本政治

◇岸田外交

岸田首相の外交理念は**新時代リアリズム外交**。2022年1月，国会における施政方針演説で表明された。

普遍的価値の重視，地球規模課題の解決，国民の命と暮らしを断固として守り抜く，が3本柱。未来に向けた理想を掲げながらも，したたかで現実的な外交を進めていくのだという。

同年6月には，シンガポールで開かれたアジア安全保障会議の基調講演で**平和のための岸田ビジョン**を発表。5本柱として，①「自由で開かれたインド太平洋」構想の新展開，②安全保障での連携強化，③「核兵器のない世界」に向けた現実的な取組み，④国連の機能強化，⑤経済安全保障での国際連携を挙げた❶。

同年7月31日から8月1日にかけては，日本の首相として初めて**核兵器不拡散条約（NPT）運用検討会議**に出席。「核兵器のない世界」という理想と「厳しい安全保障環境」という現実を結びつけるためのロードマップの必要性を強調した。岸田首相はその第一歩として**ヒロシマ・アクション・プラン**を提唱。①核兵器不使用の共有，②透明性の向上，③核兵器数の減少，④核兵器の不拡散と原子力の平和的利用，⑤各国指導者等の被爆地訪問の促進，の5つの行動を促すべきだと述べた❷。

◇外交青書

2022年の『外交青書』は，国際情勢について「**米中競争・国家間競争の時代**に本格的に突入した」との認識を表明。ロシアのウクライナ侵略については，「国際秩序の根幹を揺るがす暴挙」として強く非難したうえで，ヨーロッパの安全保障体制や冷戦後の世界秩序を脅かし，「**歴史の大転機**」をもたらしたと指摘した。

外交の基本方針では，自由，民主主義，人権，法の支配といった普遍的価値を共有する国家との結束を強め，「力による一方的な現状変更の試み」に対抗していく姿

❶安倍政権時代からの「自由で開かれたインド太平洋」を発展させ，2023年春までに「平和のための『自由で開かれたインド太平洋』プラン」として取りまとめる予定。

❷「核兵器のない世界」に向けて，日本は外交を積極化。2022年9月の国連総会の際には，「包括的核実験禁止条約（CTBT）フレンズ会合」を首脳級で開催したほか，1000万ドルを国連に拠出して「ユース非核リーダー基金」を創設すると発表した。

🖉 国連分担金

国連（国際連合）は加盟各国の国民総所得（GNI）などをもとに2022～2024年の予算分担率を決定。日本（約8%）は，アメリカ（22%），中国（約15%）に次ぐ世界第3位となった。

勢を強調。二国間外交のほか日米豪印などの多国間対話を通じて，**法の支配に基づく自由で開かれたインド太平洋**の実現に取り組んでいく。

外交青書は，北方領土について「日本固有の領土であるが，現在は**ロシアに不法占拠されている**」と明記。ロシアへの厳しい姿勢を鮮明にした❸。

日中関係では，中国の「現状変更の試み」を批判。一方で，「建設的かつ安定的な日中関係」の構築を目指すとした。

日韓関係では，「日本側にとって受け入れられない状況が続いている」との表現を継続。「約束を守ることは国家間の関係の基本」と指摘し，韓国側に適切な対応を強く求めた❹。

◇アフリカ開発会議（TICAD）

日本政府はアフリカを「共に成長するパートナー」と認識。アフリカ自身が目指す強靱で持続可能な成長を積極的に後押ししている。

2022年8月，**第8回アフリカ開発会議（TICAD 8）**がチュニジアで開催❺。日本が主導し，アフリカ諸国のほか国際機関などが参加する首脳級会議だ。

日本は，3年間で官民合わせて総額300億ドル規模の資金投入を約束。グリーン投資や人への投資などに当てる。会議の成果は**チュニス宣言**として発表。ウクライナ情勢への懸念のほか，健全な開発金融や国連安保理の改革促進も盛り込まれた。

---

❸「不法占拠」と明記するのは2003年以来，「日本固有の領土」と明記するのは2011年以来。日露平和条約の交渉中はこうした表現を封印してきた。

❹日本政府は，いわゆる徴用工問題で日本企業に損害賠償を命じた2018年の韓国大法院の判決と，日本政府に元慰安婦等への損害賠償を命じた2021年のソウル中央地方裁判所の判決を問題視。国際法及び日韓両国間の合意に反しており，「断じて受け入れることはできない」としている。

❺3年ごとに日本あるいはアフリカで開催。アフリカでの開催は2回目。

出る文

➡ 岸田首相は，理想を掲げながらも，したたかで現実的な外交を進める「新時代リアリズム外交」を掲げている。

➡ 岸田首相は，2022年の核不拡散条約の会議で，核軍縮に向けたヒロシマ・アクション・プランを提唱した。

➡ 2022年の『外交青書』は，ロシアのウクライナ侵略を強く非難し，北方領土について「ロシアに不法占拠されている」と明記した。

➡ 2022年8月の第8回アフリカ開発会議（TICAD8）で，日本はグリーン投資や人への投資での経済支援を約束した。

政府開発援助（ODA）

出題可能性 ★★

開発協力は日本外交の重要な政策ツール。コロナで内向きになりやすい今こそ1問！

開発途上国に対する日本の支援策は，2015年に閣議決定された**開発協力大綱**に基づいて策定。政府は，経済的な「開発援助」だけでなく，平和構築やガバナンス，基本的人権の推進，人道支援なども含め，幅広く「開発協力」を行うとしている。

政府開発援助（ODA）は，政府機関が開発途上国に対して行う贈与や貸付。戦略的に活用すれば日本の国益につながることから，開発協力大綱でも「最も重要な手段の一つ」に位置づけられている。

◇新型コロナ対策支援

2021年版『開発協力白書』は，新型コロナ対策支援を特集[1]。日本はコロナ禍を「人間の安全保障に直結する国際社会共通の課題」ととらえ，途上国に対し**緊急無償資金協力や緊急支援円借款**を積極的に実施した。

ワクチンについては，約4200万回分の現物供与だけでなく，低温物流（コールド・チェーン）の整備も援助。ワクチンを確実に接種会場に届ける「**ラスト・ワン・マイル支援**」に力を入れた。

そのほか日本は，途上国に酸素濃縮器や人工呼吸器などの医療機材を提供。オンライン教育の普及など，情報通信技術の活用についても支援を行った。

◇日本のODAの重点施策

日本のODAで重視されているのが「**質の高いインフラ**」の整備。港湾や道路の建設だけでなく，情報技術の支援や技術人材の育成にも力を入れている。

日本は，**平和で安全な社会の実現**に向けた法制度・経済制度の整備も積極的に支援。平和構築や治安維持のための人材育成も進めている。

人間の安全保障の観点からは，基礎的な保健サービスを提供するユニバーサル・ヘルス・カバレッジを推進[2]。環境保護や防災対策でも支援を続けている。

✎ 人間の安全保障

戦争だけでなく貧困や絶望からも免れ，個人が尊厳を持って生きられる社会を求める考え方。開発協力大綱も目指すべき方向性の1つに掲げている。

[1] 2022年3月発行。

[2] 2021年12月には東京栄養サミットを開催。日本は世界の栄養改善に向けた国際会議をリードした。

◆ODA実績

『開発協力白書』によると，2020年の日本のODAは「贈与相当額計上方式」で約163億ドル（約1.7兆円）[3]。前年比4.3％の増額で，世界ランクはアメリカ，ドイツ，イギリスに次ぐ第4位だった。

「ODAの対国民総所得比（対GNI比）」は0.31％。ODAの比較で重視される「OECD（経済協力開発機構）のDAC（開発援助委員会）での順位」は29か国中の13位だった[4]。

国民1人当たりの負担額は129ドル。DACでの順位は16位だった。

日本のODAは約8割（81.1％）が二国間ODA。約2割（18.9％）が国際機関などへの多国間ODAだ。

ちなみに，二国間ODAの地域別内訳ではアジア向けが約6割（60.4％）[5]。これに，中東・北アフリカ向け（11.4％），アフリカ（サブサハラ＝サハラ砂漠以南）向け（7.9％）が続く。

そのほか，日本のODAの特徴としてよく指摘されるのが，有償資金協力（「円借款」など）の多さ。DAC諸国の平均では有償資金協力は約13％（＝贈与が約87％）だが，日本では約56％にもなっている。

これについて日本政府は，途上国が自身の事業として取り組むことが「自助努力」の意識を高めるうえで重要だと説明。自らが借りたお金で国の発展を目指すほうが事業に一生懸命に取り組み，長期的に見て有用性が認められるとしている。

[3] 2018年の統計からOECDはODAの実績額の算出に「贈与相当額計上方式」を採用している。

[4] 2016年は20位，2017年は19位，2018年は16位，2019年と2020年は13位。日本は着実に順位を上げてきた。

[5] 42年にわたって続けられてきた対中国ODAは2022年3月末で全事業を終了した。

📝 2021年のODA実績

2022年4月，OECDは2021年のODA実績（暫定値）を発表。日本は前年比8.4％増の約176億ドルで，世界第3位となった。一方，ODAの対GNI比は0.34％で，DACでは前年より1ランクアップの12位となった。

出る文

➡ 日本はコロナ禍を「人間の安全保障に対する危機」と受け止め，途上国に対し無償・有償の緊急支援を実施した。

➡ 日本のODAでは，対象国の成長につながる「質の高いインフラ」の整備を重視している。

➡ 2020年の日本のODAは，贈与相当額計上方式で約163億ドルにのぼり，日本は世界第4位の援助大国に位置づけられた。

➡ 2020年の日本の二国間ODAを地域別に見ると，アジア向け，中東・北アフリカ向け，アフリカ（サブサハラ）向けの順に多かった。

安全保障関連３文書

出題可能性 ★★★

2022年12月，政府は「反撃能力」の保有方針を閣議決定。対策強化で難問にも反撃！

2022年12月，政府は新しい「**安全保障関連３文書**」を閣議決定。日本の安全保障環境が厳しさを増すなか，防衛力を抜本的に強化する方針が示された。

◇国家安全保障戦略

国家安全保障戦略は，日本の国家安全保障に関する最上位の政策文書。外交・防衛政策の指針を示す。

新しい国家安全保障戦略は，専守防衛や非核三原則などの基本方針の堅持を確認。また，これまでどおり日米同盟を基軸と位置づけ，併せて他国との共存共栄，同志国との連携，多国間の協力も重視するとした。

周辺国の軍事動向については，「**戦後最も厳しく複雑な安全保障環境に直面している**」**との認識を表明**。警戒感をあらわにした。

特に，ミサイル発射を繰り返す北朝鮮については「差し迫った脅威」と表現。中国についても，力による一方的な現状変更の試みを強化しているとして，日本の平和と安定に対する「これまでにない最大の戦略的な挑戦」になっていると述べた。また，軍事力に訴えることを辞さないロシアについても「強い懸念」を表明。中国とロシアの軍事面での連携強化にも注意が必要だとした。

厳しい安全保障環境に対応するためには，防衛力の抜本的な強化が不可欠❶。国家安全保障戦略は，敵のミサイル基地等を攻撃できる「**反撃能力**」**の保有を初めて明記**した。「反撃能力」とは，敵のミサイル攻撃を防ぐのにやむをえない必要最小限度の自衛の措置として，**相手の領域において有効な反撃を加えること**。相手に攻撃を思いとどまらせる抑止力にもなる❷。

また，国家安全保障戦略は，**軍事と非軍事が不明確な**「**ハイブリッド戦**」**や有事と平時の境目が曖昧な**「**グレーゾーン事態**」**への対応も重視**❸。サイバー分野や宇宙分野での対応能力の向上などを盛り込んだ。

日豪共同宣言

2022年10月，岸田首相はオーストラリアのアルバニージー首相と会談。緊急事態には相互協議で対応措置を検討することなどを盛り込んだ「安全保障協力に関する新たな日豪共同宣言」に署名した。

❶自衛隊と海上保安庁の連携・協力の強化も盛り込まれた。

❷政府は反撃能力について，専守防衛の考え方を変更するものではなく，武力攻撃が発生していない段階で自ら先に攻撃する先制攻撃を許すものではないとしている。

❸防衛省は2022年度に海外の情報収集に当たる「グローバル戦略情報官」を新設。マスメディアやSNSの情報の真偽を調査し，フェイクニュースによる世論誘導を防ぐ役割を担う。

◆国家防衛戦略

国家防衛戦略は，日本の防衛の目標を設定し，それを達成するための手段を示した文書（防衛大綱を改称）❹。10年程度の期間を念頭に，防衛体制の強化方針や同盟国・同志国との協力方針を取りまとめている。

新しい国家防衛戦略は，**スタンド・オフ防衛能力**を重視。敵の射程圏外から「離れて」敵の攻撃を阻止・排除する能力のことで，反撃能力の行使でも有力な手段となる。併せて，**統合防空ミサイル防衛力**も強化。警戒管制レーダーや地対空誘導弾の能力向上などを進める❺。

◆防衛力整備計画

防衛力整備計画は，保有すべき防衛力の水準を示した文書（中期防衛力整備計画を改称）。5年間にかかる経費や必要となる装備の数量などを記載する。

反撃能力の手段となるスタンド・オフ・ミサイルについては，アメリカから巡航ミサイル「トマホーク」を購入。既存の「12式地対艦誘導弾」の射程能力の向上も図る。ミサイル防衛では「極超音速滑空兵器」への対応を強化。地対空誘導弾「ペトリオット・システム」の迎撃能力向上や，弾道ミサイル防衛に当たる「イージス・システム搭載艦」の配備を進める。

計画実施に必要となる防衛費の総額は，**2023年からの5年間でおよそ43兆円**。2019年度から5年間の防衛費に比べておよそ1.6倍の金額だ。政府は財源の一部は増税でまかなうとしている❻。

❹2013年の改定は離島防衛を重視し，陸上自衛隊に米海兵隊をモデルにした水陸機動団を新設。2018年の改定では，陸海空の従来領域に宇宙・サイバー・電磁波といった新領域を組み合わせた「多次元統合防衛力」が提唱された。

❺このほか無人アセット（装備）も積極的に導入するとした。

❻増税の中身や実施時期は2023年に決定される見通し。

✏️ サイバーセキュリティ戦略

2021年9月，政府は今後3年間の「サイバーセキュリティ戦略」を閣議決定。中国，ロシア，北朝鮮からの国家的サイバー攻撃に言及し，アメリカなどと連携して断固たる対応をとるとした。

出る文

➡ 2022年12月に閣議決定された国家安全保障戦略は，「戦後最も厳しく複雑な安全保障環境に直面している」との認識を表明した。

➡ 2022年12月に閣議決定された国家安全保障戦略は，敵のミサイル基地等を攻撃できる「反撃能力」の保有を初めて明記した。

➡ 新しい国家防衛戦略は，重視する能力の1つとして，敵の射程圏外から離れて反撃するスタンド・オフ防衛能力を挙げた。

➡ 新しい防衛力整備計画は，計画実施に必要となる防衛費の総額を2023年からの5年間でおよそ43兆円と算定した。

日本政治の出る文穴埋めチェック

1 日本政治

❶岸田内閣は，官民連携で「（　　）の好循環」を図る「新しい資本主義」の実現を目指している。　→p.12

❷2022年6月の「（　　）重点計画」は，行政サービスの（　　）化について，マイナンバーカードの活用推進を掲げた。　→p.13

❸2022年6月，デジタル技術を用いて地方の社会課題を解決するとした「デジタル（　　）構想基本方針」が閣議決定された。　→p.15

❹「新しい資本主義」では，人への投資による付加価値の向上を目指して，（　　）引き上げの推進などが図られる。　→p.17

❺2022年7月の参院選の結果，（　　）に前向きな政党が占める議席数は衆議院でも参議院でも3分の2を超えた。　→p.19

❻2020年，最高裁は2019年の参院選における3.00倍の1票の格差について，（　　）との判決を下した。　→p.19

❼岸田首相は，理想を掲げながらも，したたかで現実的な外交を進める「（　　）外交」を掲げている。　→p.21

❽2022年8月の第8回（　　）開発会議（TICAD 8）で，日本はグリーン投資や人への投資での経済支援を約束した。　→p.21

❾2020年の日本の（　　）は，贈与相当額計上方式で約163億ドルにのぼり，日本は世界第4位の援助大国に位置づけられた。　→p.23

❿2022年12月に閣議決定された国家安全保障戦略は，敵のミサイル基地等を攻撃できる「（　　）能力」の保有を初めて明記した。　→p.25

解　答

❶**成長と分配**：経済成長の「果実の分配」を強調した点が特徴。

❷**デジタル**：2021年にはデジタル庁も発足。

❸**田園都市国家**：2024年末までに1000自治体のデジタル実装を図る。

❹**賃金**：労働移動の円滑化や資産所得倍増プランの策定も盛り込む。

❺**憲法改正**：「改憲」もOK。自民・公明・維新・国民などが該当。

❻**合憲**：2017年の総選挙の1票の格差についても最高裁は合憲と判決。

❼**新時代リアリズム**：普遍的価値の重視，地球規模課題の解決，国民の命と暮らしを断固として守り抜く，が3本柱。

❽**アフリカ**：3年間で官民合わせて総額300億ドル規模の資金を投入する。

❾**ODA**：もちろん「政府開発援助」もOK。1～3位は米独英。

❿**反撃**：敵のミサイル攻撃を防ぐのにやむをえない必要最小限度の自衛の措置として，相手の領域において有効な反撃を加えること。

26

第2章

国際政治

ウクライナ侵略

出題可能性 ★★★

2022年に起きた世界史的大事件。経緯も含めて情勢を理解しておくことが大切！

ロシアとの関係強化を図るべきか，それともロシアとは距離を置き，EU（欧州連合）やNATO（北大西洋条約機構）に加わる道を模索するべきか。この選択をめぐって，近年のウクライナ政治は大きく揺れ動いてきた。

ウクライナを影響下に置きたいロシアのプーチン政権は2014年に政治介入❶。2022年には本格的な軍事侵略に踏み切った。

◆クリミア併合

2014年，ウクライナで親ロシア派の政権が倒れ，親欧米派の政権が誕生すると，ロシアはこれに強く反発。ウクライナから領土を奪い取る政治戦略を始めた。

まず，クリミア半島で「**クリミア共和国**」を樹立。ウクライナから独立させた後，ロシアに併合した❷。また，ロシア語話者が多いウクライナ東部でも分離独立派を支援。親ロシア派が支配地域を維持できるよう，非公式の軍事支援も行った。

ウクライナは国土奪還に向け，東部に軍隊を派遣。親ロシア派武装勢力との戦闘が断続的に続いた。

停戦が実現したのは2015年。ドイツとフランスの仲介で，不法武装勢力の撤退や東部の親ロシア派支配地域の自治を認めることなどを盛り込んだ「**ミンスク合意**」が成立した。しかし，親ロシア派は独立をあきらめず，その後も武力衝突が散発的に発生。ミンスク合意は実行されなかった。

◆軍事侵略

2022年2月，ロシアはウクライナに対する「特別軍事作戦」を開始。軍事侵略を本格化させた❸。

国連で紛争を扱う安全保障理事会（安保理）は，ロシアが拒否権を持つ以上，対応不能。代わって国連総会で**ロシアの即時撤退を求める非難決議**が採択されたが，総

---

❶プーチン政権が誕生したのは2000年。プーチン氏は大統領を2期8年務めた後，いったん首相となり，再び大統領に就任した（任期は6年に変更され，現在2期目）。さらに2020年には，自身の2024年大統領選挙への立候補を可能にする憲法改正を実現させた。

❷主要国首脳会議（当時はG8）は，ウクライナの主権と領土を侵害したロシアをメンバーから追放。G8はG7になった。その後，G7各国はロシアに対する経済制裁を実施した。

❸これに先立ちプーチン大統領はウクライナ東部の「ドネツク人民共和国」と「ルハンスク人民共和国」の独立を承認。特別軍事作戦は両国の要請によるものと発表した。

会の決議には拘束力がなく実効性に乏しい❹。

そのため、**日米欧の主要国などはロシアに対する経済制裁を独自に実施**。関係者や関係企業の資産凍結に加え、ロシアの金融機関との取引停止に踏み切った❺。ロシアは、ドイツなど欧州各国が依存するロシア産資源の供給停止をちらつかせながら対抗❻。世界的な資源価格の高騰を招いた。

加えて米英などは、ロシアと戦うウクライナに武器を供与。日本も防弾チョッキや情報収集用のドローンなどを提供した。

◇分離独立の画策

2022年9月、戦争状態が長期化するなか、ロシアは東部と南部の支配地域で住民投票を実施。圧倒的多数がロシアへの編入に賛成したとの集計結果を発表した。

すぐさまプーチン大統領は**占領地域4州のロシア連邦加盟**を宣言。ルハンスク、ドネツク、ザポリッジャ、ヘルソンの4州と編入条約に署名し、祝賀イベントまで開いて、併合の既成事実化を世界にアピールした。

国連安保理では、住民投票の無効とロシアの即時撤退を求める非難決議案を採決。15か国のうち10か国が賛成したが、ロシアの拒否権行使で否決された❼。

その後も戦闘は継続。ウクライナ軍が反撃に出るなか、ロシアは発電施設などのインフラに対する攻撃を強めている。2022年12月末時点では、和平に向けた動きはまったく見えていない。

❹賛成141か国、反対はロシアや北朝鮮など5か国。中国やインドなど35か国が棄権。

❺国際送金システムSWIFT（国際銀行間通信協会）からロシアを締め出した。

❻EU諸国は2022年内にロシア産原油の輸入の大半（約90％）を停止することで合意。ロシア産資源への依存からの脱却を進めている。

❼中国、ブラジル、インド、ガボンは棄権。

NATO（北大西洋条約機構）

北米2か国と欧州28か国が加盟する軍事同盟。2022年、スウェーデンとフィンランドの加盟が決まった（現在、加盟各国で批准手続き中）。

出る文

- ➡2014年、ロシアはクリミア半島で「クリミア共和国」を樹立し、ウクライナから独立させた後、ロシアに併合した。
- ➡ウクライナ東部の紛争は、親ロシア派支配地域の自治を認めた2015年のミンスク合意でいったんは収まった。
- ➡2022年2月、ロシアがウクライナに軍事侵略したことを受け、日米欧主要国はロシアに対する経済制裁に踏み切った。
- ➡2022年9月、ロシアはウクライナ東南部の支配地域を併合する決定を行った。

G7サミット

出題可能性 ★ ★

2023年のG7サミットは5月に広島で開催。岸田首相が議長を務める最重要外交イベント！

◇エルマウ・サミット

2022年6月，ドイツ南部のエルマウでG7サミット（主要国首脳会議）が開催❶。ロシアのウクライナ侵略を受け，改めて民主政治，自由主義経済，国際法の遵守といった価値観を共有する「主要国」が結束する意義を確認した❷。

議題は，対露制裁・ウクライナ支援のほか，世界経済，地球環境問題，食料安全保障など。拡大会合には，途上国首脳や国際機関の長も参加した❸。

途上国支援では**食料危機に対応するための資金提供に合意**。コロナ感染症対策でも支援を続ける。

気候変動対策では議長国ドイツが提唱した「**気候クラブ**」の**創設に合意**❹。G7以外の国にも働きかけて脱炭素に向けた国際的ルールづくりなどを後押しする。

◇広島サミット

2023年のG7サミットは広島市で開催。東京以外での開催は，2000年の九州・沖縄，2008年の北海道洞爺湖，2016年の伊勢志摩に次いで4回目だ。

G7首脳はもちろん，拡大会合に参加する途上国首脳や国際機関の長も来日。途上国支援や環境問題など，多くの世界的課題についての議論が行われる。

被爆地広島で開催される以上，主要議題に**平和構築や核不拡散**が含まれるのは確実。中国の海洋進出を念頭に，アジア太平洋の平和と安定も話し合われるだろう。

❶参加国は，アメリカ，イギリス，イタリア，カナダ，ドイツ，日本，フランスとEU（欧州連合）。日本からは岸田首相が参加した。

❷G7はロシアのウクライナ侵略後，たびたび緊急の外相会合や首脳会合を開催。ロシアへの経済制裁について協議し，実行した。

❸拡大会合に招待される首脳はサミットごとに異なる。2022年はインド，インドネシア，南アフリカ，セネガル，アルゼンチンの首脳が参加した。

❹2022年12月，正式に設立合意。

出る文

➡ 2022年のG7サミットでは，対露制裁やウクライナ支援のほか，世界経済，地球環境問題，食料安全保障などが話し合われた。

➡ 2022年のG7サミットは，食料危機に苦しむ途上国に対し，資金提供を図ることで合意した。

フランス政治

出題可能性 ★ ★ ★

政治の分極化が進むなか，マクロン大統領が再選。教養試験の政治でも出題濃厚！

2022年はフランスにとって5年に1度の国政選挙の年。**4月には大統領選挙が，6月には国民議会（下院）選挙が実施された**❶。戦後のフランス政治を担ってきた保革の2大政党（共和党系，社会党系）は顕著に衰退。代わって極右と極左の存在感が際立った。

◇フランス大統領選挙

大統領選挙では，中道で現職のマクロン氏（共和国前進）を極右のルペン氏（国民連合）と極左のメランション氏（不屈のフランス）が追う展開。4月10日の第1回投票の結果，決選投票に進んだのは2017年選挙と同様，マクロン氏とルペン氏だった❷。

4月24日の決選投票では，**マクロン氏が58.55％の票を得て勝利**。再選を果たした。

ただし，前回の決選投票と比べると両者の差は縮小。ウクライナ情勢を背景にした愛国的な気運が，ルペン氏への支持増大につながったようだ。

◇フランス議会選挙

一方，**6月の国民議会選挙では与党が大敗**。マクロン大統領の支持勢力は議席を大幅に減らし，過半数を下回る結果となった❸。

野党は左派も右派も大躍進。急進的な「不屈のフランス」を中心とした左派連合も，極右政党の「国民連合」も議席を大きく増やした❹。

❶フランスの国政選挙は2回投票制。絶対多数（有効票の過半数）を獲得した候補者がいない場合は決選投票が行われる。大統領選挙では上位2名，国民議会選挙では12.5％以上の票の獲得者が決選投票に進める。

❷第1回投票の得票率はマクロン氏27.85％，ルペン氏23.15％，メランション氏21.95％だった。

❸定数は577。与党の議席数は350から245へと大きく減少した。

❹左派連合は66議席を131議席へと倍増。国民連合は8議席を89議席に増やした。

出る文

➡2022年のフランス大統領選挙は，中道，極右，極左の3候補の接戦となったが，中道で現職のマクロン氏が再選を果たした。

➡2022年のフランス国民議会選挙では，急進的な左派と右派の台頭により，大統領の支持勢力が過半数を得られなかった。

2

国際政治

ヨーロッパ情勢

出題可能性 ★★★

2022年，イギリスとイタリアで首相が交代。2021年のドイツの政権交代も要復習！

◆イタリア政治

2021年2月，連立政権が発足。欧州中央銀行前総裁のドラギ氏を首相とする実務型の内閣が誕生した。

しかし，右派と左派のポピュリスト政党が参加した連立政権は安定せず，ドラギ首相は2022年7月に辞任を表明。9月に総選挙が実施された。

勝利したのは，**極右政党「イタリアの同胞」を中心とした右派連合**。上下両院で過半数を確保し，政権を担うことになった❶。

首相に就任したのは「イタリアの同胞」のメローニ党首。イタリア初の女性首相だ。

メローニ首相は，保守的な家族観や反大量移民の民族主義が信条。ナショナリストとしてEU（欧州連合）の活動に懐疑的だったが，首相就任にあたってはEUとの連携を重視する姿勢をアピールした。

◆イギリス政治

2019年に就任した保守党のジョンソン首相は，同年12月，ブレグジット（イギリスのEU離脱）を争点に総選挙を実施。保守党が大勝し，早期のEU離脱が決定した。2020年1月末，**イギリスはEUを離脱**。イギリスとEUは新たな自由貿易協定を結んだ。

2021年，コロナ対策中のパーティ開催など，ジョンソン首相の不祥事が発覚。支持率の低下や閣僚の離反で，首相交代を余儀なくされた。

2022年9月，女王エリザベス2世は亡くなる2日前に**新首相にトラス氏を任命**。イギリス史上3人目の女性首相が誕生した❷。

ところが2か月もたたずに，トラス首相は大型減税提案の失敗の責任を取って辞任。代わって10月に**インド系のスナク氏が42歳の若さでイギリス首相に就任し**た。元財務相のスナク氏が得意とするのは経済対策❸。まずはインフレ対策に力を尽くすとしている。

❶右派連合には第1党となった「イタリアの同胞」のほか，「同盟」や「フォルツァ・イタリア」などが参加。

❷3人とも保守党。ほか2人は1979～1990年のサッチャー首相と2016～2019年のメイ首相。

❸オックスフォード大学を出た後，スタンフォード大学でMBA（経営学修士）を取り，大手証券会社に勤めた経験を持つ。その後，庶民院議員となり，39歳で財務相に就任した。

✏ ハンガリー政治

2022年4月の議会選挙ではオルバン首相の与党が圧勝。2010年に就任したオルバン首相は反移民・反EUを掲げ，中国やロシアの権威主義政治への親近感を示している。

◆ドイツ政治

　2021年9月，ドイツは下院に当たる「連邦議会」の選挙を実施。16年間在任したメルケル首相が引退を表明したため，次の首相を決める選挙となった。

　得票率に基づく議席配分の結果，得票率25.7％で議席を50ほど増やした「社会民主党」が16年ぶりに第1党の地位を獲得（206議席）❹。一方，メルケル首相を支えてきた「キリスト教民主・社会同盟」は過去最低の得票率に終わり（24.1％），議席を50議席ほど失って第2党に転落した（197議席）。

　第3党は得票率14.8％の「同盟90・緑の党（以下「緑の党」）」。気候危機が話題となるなか議席を大きく伸ばした（118議席，前回は67議席）。第4党は得票率11.5％で中道の自由民主党（92議席）。前回の選挙で第3党に躍進した極右政党「ドイツのための選択肢」は議席を減らした（得票率10.3％，83議席）。

　選挙後に行われた連立交渉は難航。2大政党の議席差が9しかないため，どちらの党も，緑の党と自由民主党とで3党連立を組めば，政権を獲得できるからだ❺。

　新しい政権が誕生したのは12月。**社会民主党，緑の党，自由民主党の3党連立政権**となった。

　これを受けてメルケル首相がついに退陣。代わって，社会民主党のショルツ氏が首相に就任した。

　ショルツ首相は閣僚の半数に女性を起用。外相や内相といった重要ポストにも女性が就任した。

❹ドイツの選挙制度では比例代表選挙の得票率で各州各党の議席が決まる。ただし，当選者の決定では小選挙区選挙の結果が尊重される。このため全体の議席数も変動する（今回は736議席）。

❺2013年から主要2党が連立を組む「大連立政権」が長く続いたことから，主要2党とも大連立には否定的だった。

✏️ スウェーデン政治

　2022年9月の議会選挙を受け，中道左派から中道右派へ8年ぶりに政権交代。極右政党も閣外協力することから，移民政策の転換が予想される。

出る文

- ➡ イタリアでは，2022年9月の総選挙で右派連合が勝利し，極右政党「イタリアの同胞」のメローニ党首が首相に就任した。

- ➡ イギリスでは2022年10月，インド系のスナク氏が保守党党首となり，新首相に就任した。

- ➡ 2021年9月のドイツ連邦議会選挙では，社会民主党が16年ぶりに第1党の地位を獲得した。

- ➡ 2021年12月，ドイツでは社会民主党，緑の党，自由民主党の3党連立政権が発足し，社会民主党のショルツ氏が首相に就任した。

アメリカ政治

出題可能性 ★★★

内憂外患のバイデン政権。対露・対中に加え，対議会でも難問山積！

2020年の大統領選挙では，民主党候補のバイデン氏が共和党候補のトランプ氏を破って当選。2021年1月，アメリカ史上最高齢（78歳）で大統領に就任した❶。副大統領には黒人女性のハリス氏を指名。女性副大統領はアメリカ史上初だ。

バイデン大統領は，21世紀の世界の特徴を「**民主主義と専制主義（権威主義）の闘い**」と認識❷。中国やロシアに対抗する姿勢を強調している❸。

◇バイデン外交

バイデン政権は，トランプ前政権の独自路線を修正。地球温暖化対策の国際的枠組みであるパリ協定に復帰し，WHO（世界保健機関）からの脱退も撤回した。

一方で，トランプ前政権の強硬な対中政策は継承。「中国包囲網」とも受け止められる外交戦略を次々と打ち出した。

2021年，バイデン大統領の呼びかけで，**日本，アメリカ，オーストラリア，インドの4か国（クアッド）首脳会合**がオンラインで実現❹。同年9月には，対面でのクアッド首脳会合も行われた。

日米豪印は「自由で開かれたインド太平洋」のビジョンの下に結束し，「威圧によって制約されない地域のために尽力する」ことで合意。加えて，インフラ開発，宇宙・サイバー技術，クリーンエネルギーなどでも協力を深めていくことになった❺。

同年，バイデン大統領は初の「**民主主義サミット**」も**開催**（オンライン）。日本を含む110の国・地域が参加した。ここにアメリカは台湾を招待。その一方，中露はもちろん，EU加盟国でも独裁色の濃いハンガリーや，親米的とはいえ王族支配のアラブ諸国は招待しなかった。

さらに2021年，**アメリカは，イギリス，オーストラリアと「AUKUS」を発足**❻。新たな安全保障の枠組みを構築した。米英はオーストラリアの原子力潜水艦の建

❶2020年の大統領選挙の結果は306人の「選挙人」を獲得したバイデン氏の勝利。トランプ氏の232人を大きく上回った。

❷専制主義は1人支配を，権威主義は服従を強要する非民主的体制を意味する。

❸2021年3月の国家安全保障戦略暫定指針では，中国を「安定し開かれた国際システムに挑戦する唯一の競争相手」と表現。同盟国や友好国と連携して長期的に対抗していくとした。

❹日米豪印の連携は，2006年に安倍首相が関係国に呼びかけた4か国（クアッド）戦略対話がもとになっている。

❺4か国はクアッド首脳会合の年1回の定期開催でも合意。2022年5月には日本で開催された。

❻3か国の頭文字（AとUKとUS）からなる。

造・保有を支援。3か国は最高レベルの軍事機密をシェアすることとなった。

2022年2月以降はロシアのウクライナ侵略への対抗措置を次々決定。バイデン大統領は「プーチンの残忍な戦争から国と民主主義を守るために戦うウクライナ政府とウクライナ国民を支援する」と述べ，高性能の攻撃的兵器を含む大規模な軍事支援を実施した。

5月には**武器貸与法**も成立。手続きを簡略化し，大統領の権限でウクライナや東欧諸国に対し，迅速に軍事支援ができる体制を整えた[7]。

◇中間選挙

2022年11月，アメリカは連邦議会の「中間選挙」を実施[8]。下院議員（435議席）の全員と上院議員（100議席）の約3分の1（35議席）が改選された。

下院では共和党が過半数の議席を獲得（222議席）。2年前の選挙で多数派になった民主党は，早くも下院の主導権を共和党に明け渡すこととなった。今後，民主党のバイデン大統領は議会対策に苦慮することになる。

一方，**上院では民主党が主導権を維持**。100議席のうち51議席を獲得した。しかも，アメリカでは上院議長は副大統領が兼務。大統領の意向は上院の決定事項には反映できるだろう[9]。

なお，同時に行われた36の州知事選挙では，女性候補の当選者数が過去最多を記録。政党別では民主党の知事が全米で2人増える結果となった。

[7]2023年9月までの時限立法。

[8]アメリカの連邦議会選挙は2年ごと。大統領選挙のない年に行われる議会選挙は，大統領の4年の任期の半分が過ぎた時点で行われることから「中間選挙」と呼ばれている。

[9]アメリカでは，上院が条約批准権や大統領が任命する人事に対する同意権を持つ。

✏️ **オーストラリア政治**

2022年5月の総選挙で労働党が勝利し，9年ぶりに政権交代。アルバニージー党首が首相に就任した。

出る文

➡ バイデン大統領は，21世紀は「民主主義と専制主義の闘い」になると述べ，中国やロシアへの対抗姿勢を鮮明にした。

➡ 2021年，日米豪印4か国（クアッド）は首脳会合を開催し，自由で開かれたインド太平洋の実現に向け，連携することで合意した。

➡ 2021年，アメリカ，イギリス，オーストラリアは，新たな安全保障の枠組みとして「AUKUS」を発足させた。

➡ 2022年11月のアメリカ連邦議会の「中間選挙」では，共和党が下院では過半数の議席を奪還した。

アジア情勢

出題可能性 ★★★

韓国で新大統領が誕生。中国政治については人権問題も見過ごさないように！

2 国際政治

◇韓国政治

2022年3月の韓国大統領選挙は大接戦[1]。得票率1%に満たない僅差で，**「国民の力」（保守系）の尹錫悦氏**が，文在寅政権の継承を掲げた「共に民主党」（革新系）の李在明氏を破って当選した。

尹錫悦氏は同年5月に大統領に就任。日本に対しては関係改善に意欲を示し，反日世論を政治利用しないと表明した。北朝鮮政策では日米韓の連携を重視する姿勢を示している。

とはいえ，**国会で多数を占めているのは革新系の「共に民主党」**。新大統領は2024年4月の次期総選挙まで，最低2年は国会対策に苦労することになる。

◇中国政治

中国は2022年の共産党大会で，**習近平氏の総書記留任**を決定。定年（68歳）や任期（2期10年まで）の慣例を破っての留任は，習近平氏が強固な体制を築いている証だ。

国家主席の任期についても，すでに2018年の憲法改正で，「1期5年を2期まで」という規定を撤廃済み。今や習近平氏は，共産党（総書記），国家（国家主席），人民解放軍（中央軍事委員会主席）のすべてで，任期の制約を受けない独裁的指導者になっている。

習近平氏が掲げるのは「**新時代の中国の特色ある社会主義思想**」。愛国主義を鼓舞する「中華民族の偉大な復興」や，軍事力の強化を含む「社会主義現代化強国」などがその内容だ[2]。

今回の共産党大会では，新たに党規約で「**共同富裕**」を目的化。拡大する貧富の格差の是正に向けて舵を切った。中国経済の発展の原動力となってきた「改革開放」は修正。社会全体が豊かになるための再分配制度の整備が優先されることとなった[3]。

---

[1]韓国大統領の任期は5年。再選はできない。尹錫悦氏は元検事総長で，議員経験のない初の大統領である。

✎ ミャンマー政治

2020年の総選挙では国民民主連盟（NLD）が軍部系政党に圧勝。反発したミャンマー国軍は2021年2月，クーデターで全権を掌握し，民主政権幹部を拘束した。その後，軍部による暫定政権が続いている。

[2]2021年以降，習近平思想は小学校から大学までの全教育課程で学習が義務化された。

[3]このほか党規約には「台湾独立に断固反対し，抑え込む」との文言が加えられた。

✎ ASEAN

2022年，ASEAN（東南アジア諸国連合）は東ティモールを11番目の加盟国として承認。準備に入った。正式加盟時期は未定。

◆ウイグル人権問題

中国について，国際社会は**新疆ウイグル自治区における人権抑圧**を問題視。中国政府が少数民族のウイグル族（トルコ系イスラム教徒）などに対し，拷問・虐待を繰り返したり，綿生産などで強制労働させたりしていることが明らかになったからだ**❹**。

アメリカは2021年1月から「新疆綿」などの輸入を禁止**❺**。「ウイグル強制労働防止法」を定め，2022年6月から**新疆ウイグル自治区が関与する全製品の輸入を禁止**している**❻**。

2022年8月，**国連人権高等弁務官事務所は報告書を公表**。「テロ対策などを名目に深刻な人権侵害が行われている」などと指摘した。こうした問題があると，通常は国連人権理事会が対応を検討。だが，中国は経済支援によって途上国を味方につけ，多数決による議題封じを画策している。

◆フィリピン政治

2022年5月の大統領選挙で**フェルディナンド・マルコス氏が当選**。1965年から1986年まで独裁政権を続けたマルコス元大統領の長男だ。一方，副大統領にはサラ・ドゥテルテ氏が当選。再選禁止規定のため立候補できなかったロドリゴ・ドゥテルテ前大統領の長女だ。

注目は米中との関係。マルコス大統領は中国よりもアメリカを先に訪問するなど，中国寄りだった前政権に比べると対米重視の姿勢を示している。

❹中国政府は人権抑圧を否定。少数民族の強制収容施設についても，テロリストの再教育施設だと説明した。

❺新疆綿を使用した日本企業の衣類なども規制の対象。

❻米英加EUなどは，新疆の共産党幹部や関連企業に対する制裁を発動。日本は根拠法がないことを理由に，対中制裁には不参加。

台湾総統選挙

2020年の総統選挙では中国との統一に反対する民主進歩党の蔡英文氏が再選された。

出る文

➡ 2022年，韓国では保守系政党「国民の力」の尹錫悦氏が選挙で勝利し，大統領に就任した。

➡ 2022年の中国共産党大会は，定年や任期に関する慣例を破って，習近平氏の総書記留任を決定した。

➡ 2022年の中国共産党大会は，「共同富裕」を党規約の目的に掲げ，再分配制度の整備を進めることを決定した。

➡ 中国政府によるウイグル族への人権侵害に対する制裁として，アメリカは「新疆綿」などの輸入を差し止めている。

アフガニスタン情勢

出題可能性 ★★

米軍撤退でタリバンが政権に復帰。1年たった今，経緯を改めて振り返る！

2 国際政治

◇米軍撤退

2021年8月，米軍はアフガニスタンからの撤退を完了❶。バイデン大統領は**20年に及ぶアフガニスタンでの戦争の終結**を宣言した。

アメリカの軍事作戦のきっかけは，国際テロ組織「アルカイダ」が引き起こした2001年の「同時多発テロ」❷。アメリカは，アルカイダを擁護しているとして，イスラム原理主義組織「タリバン」が率いるアフガニスタン政権を攻撃し，崩壊に追い込んだ❸。その後，「タリバン」は徐々に勢力を回復。米軍などが支援する政府軍に武力で対抗し，支配地域を広げていった。

2020年，**アメリカのトランプ政権とタリバンとの和平交渉**が結実。タリバン側は米軍への攻撃停止と支配地域におけるテロ組織の活動抑制を約束し，アメリカ側は完全撤退に応じた❹。

◇タリバン政権

2021年8月，米軍撤退が進むなか，タリバンは政府軍を圧倒し，全土を支配。9月には暫定政府を発足させ，**アフガニスタン・イスラム首長国の樹立**を宣言した。

欧米各国は，女性の権利を守っていないことなどを理由に，タリバン政権の国家承認には消極的。人道支援も乏しく，国民の生活は疲弊している。

IS（イスラム国）系過激派組織のテロも頻発。治安の回復や生活の安定はまだ遠い。

❶NATO（北大西洋条約機構）軍も撤退。
　なお，米軍はイラクでの戦闘任務も2021年12月に終了させた。

❷事件があった日から「9/11（ナイン・イレブン）」とも呼ばれる。

❸正確にはアメリカ主導の「有志連合軍」。

❹アフガニスタン国内では，アルカイダが存続しており，IS（イスラム国）系過激派組織のテロ活動も続いている。

出る文

→ 2021年，前年に結ばれたアメリカとタリバンとの和平合意に基づき，米軍はアフガニスタンから撤退した。

→ 2021年，アフガニスタンではイスラム原理主義組織「タリバン」が暫定政府を樹立したが，治安は不安定なままである。

核開発・核軍縮

出題可能性 ★★

核軍縮は広島を地盤とする岸田首相のたっての願い。日本の公務員なら関心を持つのは当然！

◇北朝鮮の核開発

　北朝鮮は依然として**核兵器の開発・保有を継続❶**。核弾頭を他国に打ち込むためのミサイルの開発も積極的に進めている。

　2017年にはアメリカ本土を射程に収めるICBM（大陸間弾道ミサイル）を発射。2019年にはSLBM（潜水艦発射弾道ミサイル）の開発成功を発表した。

　2022年も頻繁に発射実験を実施。その回数は**1年間の過去最多を記録**した。10月に発射した弾道ミサイルは日本上空を通過❷。過去最長の約4600kmを飛んだ。

　北朝鮮が核実験を行うたびに，国連安全保障理事会は経済制裁を決定❸。だが，ミサイル開発に対しては，新たな制裁が決められない状況が続いている。

◇イランの核開発

　2018年，アメリカのトランプ政権は，2015年にイランと米英仏露中独が結んだ「**イラン核合意**」が無意味だとして離脱。イランに対する経済制裁を再開した。

　これに対し，イランも合意の履行を停止。核兵器に必要なウラン濃縮を進める姿勢を示した。

　2021年のイラン大統領選挙では，反米を掲げる**保守強硬派のライシ氏が当選**。アメリカのバイデン政権は態度を硬化させており，新たな合意に向けた交渉には時間がかかると見られている。

❶北朝鮮の核実験は過去6回。直近では2017年に強行。

❷こうした場合，政府は全国瞬時警報システム（Jアラート）で各自治体に緊急連絡する。

❸輸出規制，金融制裁，武器貿易の監視など。2016年以降は北朝鮮労働者の受け入れも禁止。

核兵器禁止条約

　核兵器の開発，実験，製造，備蓄，移譲，使用及び威嚇としての使用を禁止する条約。2017年採択，2021年発効。核保有国や核開発国のほか，アメリカの「核の傘」に依存する日本，韓国，NATO諸国なども不参加。

2 国際政治

出る文

➡ 北朝鮮はミサイル開発を続けており，2022年の1年間には，これまで最多の発射実験を行った。

➡ 2021年に保守強硬派のライシ氏がイラン大統領に就任したことで，「イラン核合意」の再締結に向けた交渉は困難さを増している。

国際政治の出る文穴埋めチェック

❶ 2014年，ロシアは（　　）半島で「（　　）共和国」を樹立し，ウクライナから独立させた後，ロシアに併合した。　　　　　　　　　　　　　　→p.29

❷ 2022年のフランス大統領選挙は，中道，極右，極左の3候補の接戦となったが，中道で現職の（　　）氏が再選を果たした。　　　　　　　　　　→p.31

❸ イギリスでは2022年10月，インド系の（　　）氏が保守党党首となり，新首相に就任した。　　　　　　　　　　　　　　　　　　　　　　　　→p.33

❹ 2021年12月，ドイツでは社会民主党，（　　），自由民主党の3党連立政権が発足し，社会民主党のショルツ氏が首相に就任した。　　　　　　　　→p.33

❺ バイデン大統領は，21世紀は「民主主義と（　　）の闘い」になると述べ，中国やロシアへの対抗姿勢を鮮明にした。　　　　　　　　　　　　→p.35

❻ 2021年，アメリカ，イギリス，オーストラリアは，新たな安全保障の枠組みとして「（　　）」を発足させた。　　　　　　　　　　　　　　　　→p.35

❼ 2022年，韓国では保守系政党「国民の力」の（　　）氏が選挙で勝利し，大統領に就任した。　　　　　　　　　　　　　　　　　　　　　　　→p.37

❽ 中国政府による（　　）族への人権侵害に対する制裁として，アメリカは「新疆綿」などの輸入を差し止めている。　　　　　　　　　　　　　　→p.37

❾ 2021年，前年に結ばれたアメリカとタリバンとの和平合意に基づき，米軍は（　　）から撤退した。　　　　　　　　　　　　　　　　　　　　→p.38

❿ 2021年に保守強硬派のライシ氏が（　　）大統領に就任したことで，「（　　）核合意」の再締結に向けた交渉は困難さを増している。　　　　→p.39

解　答

❶ クリミア：2022年にもロシアは同じ方法でウクライナの東部と南部のロシアへの編入を宣言した。

❷ マクロン：一方，議会選挙では大統領の支持勢力が大敗。

❸ スナク：イギリス史上初のインド系首相。

❹ 緑の党：社会民主党からの首相就任は16年ぶり。

❺ 専制主義：権威主義でもOK。

❻ AUKUS：読み方は「オーカス」。

❼ 尹錫悦（ユン・ソギョル）：文在寅（ムン・ジェイン）政権の継承を掲げた「共に民主党」（革新系）の李在明（イ・ジェミョン）氏を破って当選した。

❽ ウイグル：国連人権高等弁務官事務所も人権侵害を認定。

❾ アフガニスタン：アメリカは20年に及んだアフガン戦争を終結させた。

❿ イラン：アメリカはイランに対する経済制裁を行っている。

第3章

日本経済

日本のGDP

出題可能性 ★ ★ ★

国家公務員試験の頻出テーマ。まずは日本経済の全体像を把握！

3 日本経済

◇GDP

2021年度の実質GDP成長率は2.5％[1]。2020年度の日本経済はコロナの影響で戦後最悪の大幅なマイナス成長（▲4.1％）に陥ったが，2021年度にはプラス成長に転じた[2]。

2021年度の最終四半期である2022年1－3月期には，オミクロン株の感染が急速に拡大。実質GDP（季節調整値）は前期比でマイナスとなった。それでも，**2022年1－3月期の実質GDPは，コロナ感染前の2019年10－12月期の水準を若干下回るまでに回復した**[3]。

◇需要項目

コロナ感染拡大後，**日本経済の回復を先導したのは輸出**。中国経済の回復を背景に他の主要国より早期に持ち直し，牽引役となった。

一方，個人消費や設備投資といった内需の回復は遅れ気味。他国に比べて落ち込み度合いは小さかったが，その後の持ち直しの動きが鈍かった。

需要項目別の動きを見ると，輸出は2021年7－9月期に前期比で減少[4]。だが，2021年10－12月期から2022年1－3月期にかけては増加し，2019年10－12月期の水準を上回って推移した。

2021年10月以降，緊急事態宣言等が全国的に解除。社会経済活動が再開するなか，個人消費は2021年10－12月期に2019年10－12月期の水準をおおむね回復した。

[1] この章の統計数値は2022年12月末現在の公表値。なお，GDP（国内総生産）統計等は改定されるため，『経済財政白書』の数値とは異なる場合がある。

[2] ▲はマイナスを表す。

[3] 感染前の水準への回復時期は中国やアメリカに比べ遅かった（中国2020年4－6月期，アメリカ2021年4－6月期）。

[4] 部品の供給不足に伴う自動車の生産調整などがあった。

出る文

➡ 2021年度の日本の実質GDP成長率は2％台となり，2022年1－3月期の実質GDPは感染前の水準をおおむね回復した。

➡ コロナ感染拡大後に回復を先導したのは輸出で，個人消費や設備投資といった内需の持ち直しの動きは鈍かった。

家計部門

出題可能性 ★ ★ ★

個人消費ではサービス消費に注目。住宅投資も要チェック！

◆個人消費

2020年4月以降，コロナの感染拡大で個人消費は急減。断続的に緊急事態宣言等の行動制限措置が発令されたため，**サービス消費を中心に下押し**された。措置が解除されても，回復の歩みは緩やかだった。

サービス消費の落ち込みが大きかったのは高年齢層。特に外食や宿泊・旅行といった対面型のサービス消費で大きく減少した[1]。重症化リスクの高い高年齢層が自粛した様子がうかがえる。

[1] 総務省「家計調査」。

◆住宅投資

全国の「持家着工戸数」は2020年半ばから持ち直し。住宅ローン減税などの効果に加え，東京圏郊外地域の住宅需要が高まったことも貢献した[2]。

東京都区部では，コロナの影響もあり，転出入が変化。2020年に転入超過幅が大きく縮小し，2021年には1.5万人の「転出超過」に転じた。都区部への転入が控えられ，都区部から近県への転出が増加したのだ。

これを受け，2021年の東京圏の「持家着工戸数」は，都区部に比べ，郊外地域で大きく伸長。新築分譲マンションの発売戸数も，郊外地域では底堅く推移した。

一方で都区部内の住替えも活発[3]。2021年の「貸家着工戸数」では，都区部のほうが郊外地域より大きく伸びた。在宅勤務の普及で，より広い住宅への需要が生じたようだ[4]。

[2] 東京圏郊外地域とは，埼玉県，神奈川県，千葉県，都下（23区以外）のこと。

[3] 2021年には都区部内で他の区に住所を移した人の数も大きく増加した。

[4] 都区部の新築分譲マンション発売戸数もコロナ前の2019年の水準をおおむね回復した。

出る文

➡ 2020年4月以降，緊急事態宣言の発令等により，個人消費は高年齢層におけるサービス消費を中心に下押しされた。

➡ 持家着工戸数は，住宅ローン減税などの効果や東京圏の郊外地域での住宅需要の高まりにより，2020年半ばから持ち直した。

3
日本経済

国際収支

出題可能性 ★★★

注目は経常収支の構造変化。サービス収支の最近の動きもフォロー！

◆経常収支

経常収支の黒字幅は近年大きく変動[1]。2011年から2014年に急速に縮小した後，2015年から2017年にかけて拡大した。その後は2020年まで**緩やかに縮小してきた**。

経常収支黒字の変動要因は貿易収支。貿易収支は，2000年代半ばまでは黒字を続け，経常収支黒字に安定的に寄与してきた。その後は黒字幅が縮小。2011年から2015年には赤字を計上するなど変動が大きかった。

また，サービス収支（旅行収支を含む）は，2013年から2017年にかけて赤字幅が縮小。インバウンド（訪日外国人旅行）の増加などによるものだ。だが，2020年と2021年にはコロナの影響によりインバウンドが激減。サービス収支の赤字幅は大幅に拡大し，経常収支黒字の縮小要因となった。

一方，**第一次所得収支の黒字幅は徐々に拡大**[2]。2000年代半ば以降，貿易収支に代わり，**経常収支黒字の主因**となっている。

◆貿易収支

2000年代後半から貿易収支の黒字幅は縮小。2010年代後半以降は収支がほぼ均衡して推移するようになった。

品目別の収支（輸出額－輸入額）を見ると，自動車や一般機械の貿易黒字幅は安定的に推移[3]。これに対して，電気機器や原料別製品（鉄鋼等）の黒字幅は，2008年のリーマンショック以降，縮小している。輸出競争力の低下に加え，企業の海外進出が進んだためだ。

一方，鉱物性燃料の収支は一貫して赤字。特に2011年の東日本大震災以降，**製造製品等の貿易黒字が縮小するなか，鉱物性燃料の輸入は拡大**した。このため，貿易収支は資源価格等の国際商品市況の変動に左右されやすくなった。

[1] 財務省・日本銀行「国際収支統計」。

[2] 第一次所得収支＝海外からの利子・配当金など投資収益に関する収支。

[3] 財務省「貿易統計」。

✎ 交易損失

原油価格の上昇等により，輸入物価が上昇し，交易条件（＝輸出物価÷輸入物価）が悪化。2021年4-6月期以降，日本に交易損失（海外への所得の流出）をもたらした。

◇サービス収支

サービス収支は2020年以降，赤字幅を大きく拡大。内訳では，「旅行収支」の黒字幅が急減し，「その他サービス収支」の赤字幅が大幅に拡大した。

「旅行収支」の黒字幅を急減させたのは，もちろんコロナによる外国人の入国制限。2019年に3188万人に達した訪日外国人旅行者数は，2020年に412万人，そして2021年には25万人にまで落ち込んだ。2022年3月以降，政府は入国制限を段階的に緩和。訪日外国人旅行者数も徐々に増えている。

一方，「その他サービス収支」の内訳を見ると，2000年代前半以降，**「知的財産権等使用料」**の黒字幅が**拡大**。日本企業の海外現地生産比率の上昇に伴い，アメリカや中国等の現地法人から本社向けの産業財産権等の使用料支払いが増加した❹。

「知的財産権等使用料」以外の項目では，**海外からのサービス購入が増えて赤字幅が拡大**。日本のサービス業の競争力の低さを反映した動きとなっている。

項目別に見ると，「通信・コンピューター・情報」ではソフトウェア委託開発等にかかる外国企業への支払が増加。「専門・経営コンサルティングサービス」では欧米企業からの専門サービスの購入が増えた。

加えて，「研究開発サービス」では研究開発の国際的なアウトソーシングが進展。「保険・年金」では海外保険会社への支払いが増えた。

半導体不足

2020年後半から半導体の需給が逼迫。自動車産業は大きな減産を強いられた。2021年後半の生産増加率（前年同期比）は，主要業種のうち「輸送機械」のみ低下した（経済産業省「鉱工業指数」）。

3 日本経済

❹産業財産権とは特許権，実用新案権，意匠権，商標権の4つをいう。

出る文

➡ 経常収支の黒字幅は，2011～2014年に急速に縮小したが，2015～2017年に拡大し，その後は2020年まで緩やかに縮小した。

➡ 第一次所得収支の黒字幅は徐々に拡大し，2000年代半ば以降，貿易収支に代わり，経常収支黒字の主因となっている。

➡ 製造製品等の貿易黒字が縮小するなか，鉱物性燃料の輸入が拡大し，貿易収支は資源価格等の変動に左右されやすくなっている。

➡ サービス収支は，「旅行収支」の黒字幅の急減や海外からのサービス購入の拡大により，2020年以降，赤字幅を拡大させた。

貯蓄・投資バランス

出題可能性　★★

経常収支とは表裏一体の関係。部門別バランスにも注意！

◇貯蓄・投資バランスの推移

　日本の貯蓄・投資バランスは「貯蓄超過」を継続❶。1990年代後半以降，総貯蓄率は総投資率を上回って推移してきた❷。

　ただし，2018～2020年に貯蓄超過幅はやや縮小。総投資率がほぼ横ばいで推移した一方，高齢化等により総貯蓄率が緩やかに低下したためだ。

◇部門別の貯蓄・投資バランス

　部門別の貯蓄・投資バランスを見ると，**家計部門は「貯蓄超過」**。貯蓄超過幅の対名目GDP比は，2010年頃から縮小傾向となり，2013年と2014年にはほぼゼロとなった❸。だが，その後は上昇傾向。特に2020年には急上昇し，1990年代半ば以降で最大の貯蓄超過となった。コロナの影響で家計消費が大幅に減少したうえ，特別定額給付金など家計に現金が給付され，貯蓄が大きく増えた。

　企業部門も「貯蓄超過」。1990年代後半に貯蓄超過に転じた後，ずっと貯蓄超過を続けてきた。ただし，2018～2020年に貯蓄超過幅は縮小。貯蓄が減少したうえ，2019年までは設備投資が増加したためだ。

　政府部門は「投資超過」。景気後退に対応するための経済対策などを実施してきたためだ。特にリーマンショックに対応した2009年に投資超過幅は拡大。その後2019年まで縮小傾向にあったが，コロナに対応して大規模な対策を行った2020年には大幅に拡大した。

❶貯蓄・投資バランス＝総貯蓄と総投資の差。

　なお，アメリカとイギリスは「投資超過」を続け，ドイツは2002年以降「貯蓄超過」を続けている。

❷総貯蓄率＝総貯蓄÷名目GDP
総投資率＝総投資÷名目GDP

❸2014年4月の消費税率引き上げに伴う駆け込み需要もあり，高齢世帯を中心に家計部門の貯蓄率が低下した。

出る文

➡ 日本の貯蓄・投資バランスは「貯蓄超過」を続けてきたが，2018～2020年に超過幅をやや縮小させた。

➡ 部門別の貯蓄・投資バランスを見ると，家計部門と企業部門は「貯蓄超過」，政府部門は「投資超過」を続けてきた。

物価

出題可能性 ★ ★ ★

ひしひしと感じる物価上昇。各指標の動きをきちんと押さえよう！

◇企業物価

輸入物価は，原油など原材料価格の上昇により，2021年初から前年同月比で上昇。2021年秋以降は円安の進行も押上げ要因に加わった。

輸入物価の上昇を受け，**国内企業物価も2021年3月以降，前年同月比で上昇**。2022年5月の上昇率は9.2%に達した。品目別では，石油・石炭製品が最大の押上げ要因。非鉄金属や化学製品も寄与している。

◇消費者物価

消費者物価（総合指数）は，2021年9月以降，前年同月比で上昇。品目別では，エネルギー価格（電気代やガス代等）が上昇し，2021年4月以降プラス寄与となっている❶。また2021年秋以降は，小麦をはじめとする穀物等の価格が高騰して食料価格が上昇。さらに消費者物価を押し上げた。

消費者物価上昇率は2022年4月以降2%を超え，5月には2.5%に到達。消費増税期間を除くと，およそ30年ぶりの上昇幅となった。

ただし，今回の企業物価や消費者物価の上昇率は，過去の石油価格上昇局面と比べると低水準。第1次石油危機（1974年）や第2次石油危機（1981年）のときと異なり，日本経済がデフレを脱却できておらず，また中小企業で価格転嫁が遅れているためだ。

❶一方，携帯電話料金は2021年4月以降，低料金プランの提供開始によりマイナスに寄与。

✎ GDPギャップ

経済全体の需給ギャップ。2021年にはマイナス幅が縮小したが，依然としてマイナス。経済全体が需要不足の状態にあり，物価の押下げ要因となった。

✎ GDPデフレーター

GDPデフレーター（＝名目GDP÷実質GDP）は，第1次・第2次石油危機時には上昇。1990年代半ば以降，消費税率が引き上げられた時期を除き，その伸びはゼロ付近かマイナス基調を続け，2021年もマイナスだった。

3

日本経済

出る文

➡ 国内企業物価は，石油・石炭製品などの価格上昇により，2021年3月以降，前年同月比で上昇するようになった。

➡ 消費者物価（総合指数）は，エネルギー価格の上昇などにより，2021年9月以降，前年同月比で上昇するようになった。

47

労働市場

出題可能性 ★★

コロナ禍でも低水準に抑えられた失業率。就業状況もざっくりチェック！

◆失業率と有効求人倍率

完全失業率は，経済対策の効果もあり，低い水準に抑制[1]。2020年8月から2021年初にかけては3％程度に上昇したが，その後は2％台後半で推移した[2]。

2021年（平均）の完全失業率は2.8%。前年（2.8%）と同水準だった。一方，2021年（平均）の完全失業者数は195万人。こちらは前年（192万人）より増えた。

また，**2021年（平均）の有効求人倍率は1.13倍**[3]。前年に比べると0.05ポイント低下し，やや悪化した。2021年に有効求人数は増加傾向で推移したが，年後半に有効求職者数が同時に増加したためだ。

◆就業状況

2021年の就業状況を男女別・年齢別に見ると，生産年齢人口（15～65歳未満）のうち，**男性の約7割，女性の約4割が正規雇用あるいは自営**。これに自発的に非正規雇用に就いている人たちを含めると，男性は約8割，女性は約7割にのぼる。一方，不本意ながら非正規雇用に就いている人，失業者，無業だが就業を希望している人の合計は，**男女それぞれ人口の1割弱程度**。希望する就業につなげることが課題だ。

65歳以上だと，正規雇用者，自営業者，自発的な非正規雇用者の合計は，男性で約3割，女性で約2割。不本意非正規雇用者，失業者，就業を希望している無業者の合計は男性4%，女性2%に過ぎない[4]。

[1] 完全失業率とは，労働力人口に占める完全失業者の割合。

[2] 季節調整値。

[3] 有効求人倍率とは，ハローワークでの求職者数に対し，企業からの求人数がどれだけあるかを表す指標。

[4] 家事以外の理由で就業を希望していない人は男性約6割，女性約5割にのぼる。

出る文

➡ 完全失業率は，2020年8月から2021年初には3%程度に上昇したが，その後は2%台後半で推移し，2021年平均は2.8%となった。

➡ 正規雇用者，自営業者，自発的な非正規雇用者の合計は，15歳以上65歳未満の男性では約8割，女性では約7割にのぼる。

賃金

出題可能性 ★★★

岸田内閣が重視する賃金アップ。確実な実現を願いたい！

◆賃金の動き

雇用者の賃金の動きを**現金給与総額**の前年同月比で見ると、コロナの影響で2020年春には大きくマイナス[1]。その後はマイナス幅が徐々に縮小し、2021年春以降は、プラス圏内で推移するようになった[2]。**2021年10月以降は伸び率が緩やかに上昇**。持ち直しの動きが明らかとなった。

一般労働者の賃金の動きを見ると、**所定内給与**の前年同月比は2020年後半からマイナス幅が縮小傾向。2021年2月にはプラスに転じた。**所定外給与**も生産活動の持ち直しに合わせてマイナス幅が縮小。2021年春以降、プラスで推移するようになった。一方、ボーナスなどの**特別給与**は2021年初まで大幅なマイナス。だが、企業収益が改善するなか、2021年秋以降プラスに転じた。

◆パートタイム労働者の賃金

パートタイム労働者の現金給与総額の前年同月比は、2020年後半以降、振れを伴いながらも横ばい圏内で推移。所定内給与は、感染対策に伴う休業実施の影響で増減を繰り返した。残業時間が低水準となったため、所定外給与は2021年に横ばい圏内の動きを続けた。

一方、**特別給与はプラス傾向で推移**。2020年4月に同一労働同一賃金が導入され、非正規雇用の処遇が改善されたためだ[3]。

---

[1] 厚労省「毎月勤労統計調査」。
現金給与総額＝所定内給与（基本給等）＋所定外給与（残業代）＋特別給与（ボーナス等）

[2] ボーナス減の影響があった2020年末にはマイナス幅が一時拡大。

[3] 非正規雇用の処遇改善についてはp.105参照。

📝 最低賃金

政府は最低賃金の全国加重平均を1000円にすることを目指している。2022年度は961円だった（前年度より31円増で、上げ幅は過去最大）。

3 日本経済

出る文

➡ 現金給与総額の前年同月比は、2021年春以降、プラス圏内で推移し、2021年10月以降、伸び率を緩やかに高めた。

➡ 2020年4月以降の非正規雇用の処遇改善により、パートタイム労働者の特別給与の前年同月比は、プラス傾向で推移した。

49

日本経済の出る文穴埋めチェック

❶2021年度の日本の実質GDP成長率は（　　）％台となり，2022年1－3月期の実質GDPは感染前の水準をおおむね回復した。　　　　　　　　　→p.42

❷2020年4月以降，緊急事態宣言の発令等により，個人消費は高年齢層における（　　）消費を中心に下押しされた。　　　　　　　　　　　　　　　→p.43

❸持家着工戸数は，住宅ローン減税などの効果や（　　）の郊外地域での住宅需要の高まりにより，2020年半ばから持ち直した。　　　　　　　　　→p.43

❹（　　）の黒字幅は，2011～2014年に急速に縮小したが，2015～2017年に拡大し，その後は2020年まで緩やかに縮小した。　　　　　　　　　　→p.45

❺（　　）の黒字幅は徐々に拡大し，2000年代半ば以降，貿易収支に代わり，経常収支黒字の主因となっている。　　　　　　　　　　　　　　　　　→p.45

❻サービス収支は，「（　　）収支」の黒字幅の急減や海外からのサービス購入の拡大により，2020年以降，赤字幅を拡大させた。　　　　　　　　→p.45

❼日本の貯蓄・投資バランスは「（　　）超過」を続けてきたが，2018～2020年に超過幅をやや縮小させた。　　　　　　　　　　　　　　　　　　→p.46

❽消費者物価（総合指数）は，エネルギー価格の（　　）などにより，2021年9月以降，前年同月比で（　　）するようになった。　　　　　　　→p.47

❾（　　）は，2020年8月から2021年初には3％程度に上昇したが，その後は2％台後半で推移し，2021年平均は2.8％となった。　　　　　　　　→p.48

❿（　　）の前年同月比は，2021年春以降，プラス圏内で推移し，2021年10月以降，伸び率を緩やかに高めた。　　　　　　　　　　　　　　　　→p.49

解　答

❶**2**：おおよその数値を頭に入れておこう。

❷**サービス**：特に落ち込んだのは対面型のサービス消費。

❸**東京圏**：埼玉県，神奈川県，千葉県，都下の持家着工戸数が大きく伸長。

❹**経常収支**：経常収支は，「貿易・サービス収支」「第一次所得収支」「第二次所得収支」の合計。

❺**第一次所得収支**：海外からの利子・配当金など投資収益に関する収支。

❻**旅行**：コロナの影響で訪日外国人旅行者数は激減した。

❼**貯蓄**：家計部門と企業部門は「貯蓄超過」，政府部門は「投資超過」。

❽**上昇**：2021年3月以降，国内企業物価も上昇。

❾**完全失業率**：2020年平均と同水準だった。

❿**現金給与総額**：なお，2020年の前年同月比は，春に大きくマイナスとなった後，マイナス幅が徐々に縮小していた。

第4章 経済政策

経済安全保障

出題可能性 ★★★

岸田内閣の目玉政策。きちんと把握して，試験対策上の安全も確保！

4 経済政策

◆経済安全保障推進法

今や経済・技術分野でも安全保障が求められる時代。国家や国民の安全を経済面から確保することは重要な政策課題となっている。コロナ禍はグローバル化したサプライチェーン（供給網）のもろさを露呈。加えて，基幹インフラへのサイバー攻撃等の脅威も増大し，先端技術をめぐる各国の覇権争いも激化している。

2022年5月，**経済安全保障推進法が成立❶**。日本も経済安全保障の確保に向けた重要な一歩を踏み出した。

◆経済安全保障の確保

経済安全保障推進法の柱は以下の4つ。

①**重要物資の安定供給の確保**：半導体や医薬品などを「特定重要物資」に指定。安定供給を図るため，企業の調達先などを国が調査できるようにする。財政支援等も行い，サプライチェーンを強靭化（きょうじんか）する。

②**基幹インフラの安定提供の確保**：電気，通信，金融といった基幹インフラの重要設備やシステムについて，事前の安全審査制度を創設。サイバー攻撃等を防ぐ。

③**重要先端技術の開発支援**：宇宙・海洋・量子・AI等の先端分野の重要技術について官民協議会を設置。官民一体となって研究開発を進める❷。

④**特許出願の非公開制度**：安全保障にとって重要な発明については，公開や流出を防止。特許出願を非公開とする制度を導入する。

❶公布から6か月〜2年以内に段階的に施行。なお，同年8月には内閣府に「経済安全保障推進室」が設置された。

❷国は民間企業に対し，研究開発に必要な情報提供や資金支援を行う。

半導体支援法

2022年3月施行。助成金を支給し，先端半導体の国内での工場建設を支援する。

重要土地調査法

2022年9月全面施行。国境離島や防衛関係施設等の機能を阻害する土地利用を阻止するため，国が必要な調査や利用規制を行う。

出る文

➡ 2022年の経済安全保障推進法は，重要物資の安定供給や基幹インフラの安定提供を確保するための制度を定めた。

➡ 経済安全保障推進法は，官民一体での重要技術の研究開発や特許非公開制度の整備を定めた。

人への投資と分配

出題可能性 ★★★

「新しい資本主義」の重点分野。自分への投資も忘れずに！

◆「人への投資」の強化

　岸田内閣は「人への投資」を抜本的に強化。2022年からの3年間で4000億円規模の投資を行う「施策パッケージ」を実施してきた。人材育成を進め，働く人は自らの意思でスキルアップ。デジタルなどの成長分野へ円滑に移動できるよう支援してきた。

　2022年10月の総合経済対策は**「施策パッケージ」を5年間で1兆円へと拡充**（p.55）。在職者のキャリアップのための転職支援や，労働者のリスキリング（成長分野への移動を可能にするような新しいスキルの習得）への支援を行い，企業間・産業間の労働移動の円滑化を図る。

◆資産所得倍増プラン

　2022年11月，政府は「**資産所得倍増プラン**」を決定。資産形成しやすい環境を整備することで，家計の金融資産を貯蓄から投資へとシフトさせることがねらいだ。

　同プランは**NISA（少額投資非課税制度）を抜本的に拡充し，恒久化❶**。金融商品から得た利益が非課税となる期間を無期限にする❷。併せて投資上限額も引き上げ❸。5年間でNISA総口座数と買付額の倍増を目指す。

　iDeCo（個人型確定拠出年金）制度も拡充（p.97）。加入可能年齢を70歳まで引き上げる。また，金融経済教育を充実させるため，2024年に「金融経済教育推進機構（仮称）」を設立。中立的な立場から投資への助言を行うアドバイザーの認定制度も創設する。

❶NISA＝金融機関でNISA口座を開設して株や株式投資信託等を購入すると配当や譲渡益等が非課税となる制度。

❷現行制度の非課税期間は，一般NISAが5年間，つみたてNISAが20年間。

❸上記の拡充・恒久化は令和5年度税制改正に盛り込まれ，2024年以降実施予定。

🖊 スタートアップ育成5か年計画

　2022年11月決定。スタートアップへの投資額を2027年度までに10兆円規模に拡大し，10万社のスタートアップ創出を目指す。

4
経済政策

出る文

➡ 政府は「人への投資」を抜本的に強化するため，5年間で1兆円規模の投資を行う「施策パッケージ」を実施している。

➡ 2022年11月，政府は「資産所得倍増プラン」を決定し，NISAの拡充・恒久化やiDeCoの加入可能年齢引上げなどを盛り込んだ。

経済対策

出題可能性 ★ ★

コロナや物価高騰への対応策。岸田内閣下の経済対策をまとめておこう！

◇コロナ克服・新時代開拓のための経済対策

2021年11月，政府は「**コロナ克服・新時代開拓のための経済対策**」を決定❶。コロナ対策はもちろん，岸田首相が提唱する「新しい資本主義」を起動し，「成長と分配の好循環」を実現するとした。

売上げが大きく減少した中堅・中小・小規模事業者等には，地域・業種を限定せず，事業規模に応じた「**事業復活支援金**」を支給。住民税非課税世帯や困窮学生にも給付金（10万円）を支給した。

「新しい資本主義」の分配戦略では，**子育て世帯に対し18歳以下の子ども1人当たり10万円相当を給付**。ただし所得制限を設けた。一方，賃上げを行う企業には税制支援を強化。また，看護職員，保育士・幼稚園教諭，介護・障害福祉職員等の賃金を引き上げるとした。

「ウィズコロナ」下での社会経済活動の再開に向け，政府はワクチン・検査パッケージの活用を提唱。行動制限を緩和するとした❷。

◇原油価格・物価高騰等総合緊急対策

2022年4月，政府は「**コロナ禍における『原油価格・物価高騰等総合緊急対策』**」を決定❸。物価高騰による影響を緩和し，コロナ禍からの経済社会活動の回復を確かなものとするとした。

原油価格高騰対策では，**燃料油価格の激変緩和策を拡充**❹。ガソリンや灯油などの燃料油価格の上昇を抑えるため，石油元売り会社に対する補助金を拡大し，支給期限を延長した。

生活困窮者への支援も実施。**低所得の子育て世帯に子ども1人当たり5万円の給付金をプッシュ型（申請不要）で支給**した。

今後への備えとしては，一般予備費を0.4兆円増額。「コロナ対策予備費」を「コロナ及び原油価格・物価高騰対策予備費」に改組し，1.1兆円増額した❺。

❶事業規模78.9兆円，うち財政支出55.7兆円。関係経費を令和3年度第1次補正予算と4年度当初予算に計上。

❷飲食・イベント等の事業者が利用者のワクチン接種歴や検査結果の陰性を確認することで，行動制限を緩和。

❸事業規模13.2兆円，うち財政支出6.2兆円。関係経費を令和4年度第1次補正予算に計上（p.68）。

❹激変緩和策は2022年1月下旬から実施。

❺予備費については，すでに支出した分を補充するため増額。

◆物価高克服・経済再生実現のための総合経済対策

2022年10月，政府は「**物価高克服・経済再生実現のための総合経済対策**」を決定❻。物価高や円安に対応し，「新しい資本主義」を加速させて日本経済を再生するとした。

物価高騰対策では，エネルギー価格の上昇を踏まえ，**電気・ガス料金の激変緩和措置を実施**❼。料金の一部を国が負担し，家計等を支援する。燃料油価格の激変緩和策も，補助額を調整しつつ，継続して実施する。

中堅・中小企業・小規模事業者等に対し，**賃上げ支援を大幅に拡充**。併せて，事業再構築，生産性向上，円滑な事業承継を強力に支援する。

円安を活かした地域の「稼ぐ力」の回復・強化も重視。観光分野では，年間5兆円超のインバウンド消費に向けた集中パッケージを推進する❽。また，企業の国内回帰や対内直接投資を促進。中小企業による輸出拡大も支援する❾。

「新しい資本主義」（p.16・17）を加速するための施策も強化❿。子ども・子育て世代への支援として，**妊娠・出産した女性に新生児1人当たり合計10万円相当のクーポン券等を支給**する。また，科学技術・イノベーション，スタートアップ，GX，DXなど，成長分野への大胆な投資を促進する。

今後への備えとして，「コロナ及び原油価格・物価高騰対策予備費」を3.7兆円増額。加えて1兆円規模の「ウクライナ情勢経済緊急対応予備費」を新設する。

❻事業規模71.6兆円，うち財政支出39兆円。関係経費を令和4年度第2次補正予算に計上（p.68）。

❼このほか，「物価・賃金・生活対策本部」の決定（2022年9月）に基づき，住民税非課税世帯等には，電力・ガス・食料品等価格高騰緊急支援給付金（5万円）も支給した。

❽インバウンド消費＝訪日外国人旅行者による日本国内での消費（p.58）。

❾「新規輸出1万者支援プログラム」を実施。

❿「人への投資」の施策パッケージを5年間で1兆円に拡充（p.53）。

4 経済政策

出る文

➡ 2021年11月の経済対策により，中小事業者，18歳以下の子ども，住民税非課税世帯，困窮学生等に給付金が支給された。

➡ 2022年4月の経済対策は，燃料油価格激変緩和措置の拡充や低所得の子育て世帯への給付金支給を盛り込んだ。

➡ 2022年10月の経済対策により，物価高騰対策として電気・ガス料金の一部を国が負担する激変緩和措置が実施される。

➡ 2022年10月の経済対策は，賃上げ支援，円安を活かす措置，妊娠・出産した女性への給付金支給を盛り込んだ。

PPP／PFI

出題可能性 ★★

「新しい資本主義」における官民連携の柱。アクションプランも改正法も成立！

◇PPP／PFI

PPP（Public Private Partnership）とは，官民が連携して公共サービスを提供すること。代表的な手法の1つがPFI（Private Finance Initiative）だ。

PFIとは，民間の資金やノウハウを活用して公共施設などの整備や運営等を行う手法。国・自治体はPFIの導入で，事業コストの削減と質の高い公共サービスの提供を目指す❶。

PPP／PFIは「新しい資本主義」における「新たな官民連携の柱」。岸田内閣は，PPP／PFIが民間投資を誘発し，成長と分配の好循環に貢献すると期待を寄せている。

◇PPP／PFI推進アクションプラン

2022年6月，政府は「PPP／PFI推進アクションプラン」を改定。2022年度から10年間の事業規模目標を30兆円に設定し，多様なPPP／PFIを展開するとした❷。当初の5年間は「重点実行期間」。支援策を拡充・重点投入し，PPP／PFIが自律的に実施される基盤をつくる。

目標達成に向け，2022年12月，改正PFI法も成立（一部を除き同月施行）。PFI事業の対象となる公共施設を拡大した❸。また，公共施設等運営事業（コンセッション）について，事業期間中でも施設の規模や配置を変更できるよう改正❹。技術革新や事情変更などを踏まえた施設の改修工事を柔軟に実施できるようにする❺。

❶PFI法（民間資金等の活用による公共施設等の整備等の促進に関する法律）に基づき実施。

❷前回の10年間（2013〜2022年度）の事業規模目標は21兆円。3年前倒しで達成した。

❸スポーツ施設や集会施設を追加。

❹コンセッションについてはp.17参照。

❺このほか，「PFI推進機構」の業務に，地方銀行など事業を支援する民間事業者への助言や専門家派遣等を追加。

出る文

➡政府は，PPP／PFIを「新しい資本主義」における「新たな官民連携の柱」と位置づけている。

➡2022年に改定された「PPP／PFI推進アクションプラン」は，2022年度からの10年間の事業規模目標を30兆円に設定した。

農業

出題可能性 ★★

拡大を続ける農林水産物・食品の輸出。期待を込めて1問！

◇輸出の拡大

2021年の農林水産物・食品の輸出額は、初めて1兆円を突破。1兆2382億円（前年比25.6％増）となり、9年連続で過去最高を更新した。これを**2025年までに2兆円、2030年までに5兆円とするのが政府目標だ**❶。

2022年5月、**改正農林水産物・食品輸出促進法が成立**（同年10月施行）。国が「品目団体」を認定する制度を創設した。牛肉やコメなど品目ごとに、生産から販売までの関係者が一体となって輸出促進を図る法人だ。今後は「オールジャパン」で各品目を海外に売り込む。

◇みどりの食料システム

2021年、農水省は「**みどりの食料システム戦略**」を策定。**環境と調和のとれた食料システムを確立する**とした。ねらいは農林水産業の生産力向上と持続性の両立をイノベーションによって実現することだ。

「みどり戦略」は数値目標を設定。2050年までに、農林水産業のCO_2ゼロエミッション（排出ゼロ）化の実現、化学農薬使用量の50％低減、化学肥料使用量の30％低減、耕地面積に占める有機農業の取組み面積の割合の25％への拡大などを目指す。

2022年5月、基本理念を定めた「**みどりの食料システム法**」**が成立**（同年7月施行）。環境負荷の低減に取り組む事業活動についての認定制度の創設も定めた。

❶2022年10月の総合経済対策（p.55）では「2025年までに2兆円」とする目標の前倒し達成に向けた強化策が盛り込まれた。

食料自給率

2021年度の食料自給率はカロリー（供給熱量）ベースで38％（前年度より1ポイント上昇）。生産額ベースでは63％（前年度より4ポイント低下）。政府は2030年度にカロリーベースで45％、生産額ベースで75％に引き上げることを目指している。

→ 政府は、農林水産物・食品の輸出額を2025年までに2兆円、2030年までに5兆円とする目標を掲げている。

→「みどりの食料システム戦略」は、環境と調和のとれた食料システムの確立を目指し、2050年までの数値目標を掲げた。

観光政策

出題可能性 ★ ★ ★

政府は旅行需要の喚起策を実施。公務員もワーケーション？

訪日外国人旅行者数は，2019年までは7年連続で過去最高を更新。2019年には3188万人に達した❶。だが，コロナ禍で世界的に観光需要が激減。訪日外国人旅行者数は2020年に412万人に減少し，2021年にはさらに25万人にまで落ち込んだ。

今も観光は日本の成長戦略の柱の1つ。地方創生の切り札でもある。政府は観光立国の復活に向け，官民一丸となって取り組むとしている。

◇2021年の観光の動き

2021年の訪日外国人旅行者数は25万人。コロナ禍で水際対策が強化されたため，年間を通じて大きく減少した。前年比では94％減だ。

国・地域別では，引き続き中国からの旅行者が最多（4.2万人，全体の17.2％）。これにベトナム，アメリカ，韓国，インドが続く。

2021年の訪日外国人旅行者による日本国内での消費額（**インバウンド消費**）は，観光庁の試算によると1028億円。2020年の7446億円に比べ激減した。

2021年の出国日本人数は51万人。2020年の317万人に比べ83.9％もの減少となった。

◇旅行需要喚起策

観光需要の回復には，まず日本人の国内旅行を増やすことが大切。これまで政府は国内旅行の需要喚起策をいろいろと講じてきた。

2020年7月には「**Go To トラベル事業**」を実施。宿泊・日帰り旅行代金を割り引き，地域共通クーポンを付与した❷。だが，コロナの感染拡大で2020年12月末に停止した。

2021年4月からは都道府県に対する「**地域観光事業支援**」を実施。同一県内の旅行を対象とするいわゆる「県民割」に必要な費用への財政支援を行った❸。

❶以下の数値は，『令和4年版観光白書』による。

❷合計支援額の上限は，1泊につき2万円，日帰り旅行は1万円。

❸「県民割」の制度設計は各都道府県が行う。国の支援額は，宿泊・日帰り旅行代金の50％分で上限額1人（1泊）当たり5000円，地域クーポン券1人（1泊）当たり2000円。ワクチン接種歴や検査結果の陰性を利用条件とする。

❹宿泊・日帰り旅行代金の40％を割引き（交通つき商品の上限額は1人1泊当たり8000円，それ以外は5000円），加えて1人当たり平日3000円・休日1000円分の地域クーポン券を付与。ワクチン接種歴や検査結果の陰性を利用条件とする。2023年も内容を変更して実施する。

2021年11月には「県民割」の対象に隣接都道府県を追加。さらに2022年4月以降，都道府県間の同意を前提に，同一地域ブロック内の都道府県が追加された。

2022年10月11日からは「**全国旅行支援**」を実施（12月27日まで）❹。支援対象が日本全国の旅行に拡大された。合わせて「平日にもう1泊」キャンペーンも展開。旅行需要の平日への分散を促している。

同時に，1日当たりの入国者数の上限を撤廃。外国人観光客の入国について，パッケージツアーに限定していた措置を解除し，個人観光客の入国を解禁した。

◇新たな旅のスタイル

日本人の旅行を増やすためには，多様な休み方や働き方を実現することも不可欠。政府は「**ワーケーション**」「**ブレジャー**」など，仕事と休暇を組み合わせた旅行を働き方改革とも合致した「新たな旅のスタイル」と位置づけ，普及を図っている❺。

また，政府は「**第2のふるさとづくりプロジェクト**」を推進。目指すのは「何度も地域に通う旅，帰る旅」の普及・定着だ。

2022年度には19の地域を選定。「第2のふるさとづくり」のモデル実証が始まった。新たな国内観光需要の掘り起こしだけでなく，地域活性化にも役立つと期待されている。

❺ワーケーション（workとvacationの造語）＝テレワーク等を活用し，普段の職場や自宅とは異なる場所で仕事をしつつ，自分の時間も過ごすこと。

ブレジャー（businessとleisureの造語）＝出張のついでに旅行を楽しむこと。

4 経済政策

マイクロツーリズム

近隣地域内での観光。観光庁の調査によると，地域ブロック内の域内旅行割合は，2019年から2021年にかけて各地で上昇した。

出る文

➡ コロナ禍で水際対策が強化されたため，2021年に日本を訪れた外国人旅行者数は前年に比べ9割以上減少し，25万人にとどまった。

➡ 政府は，2021年4月から「地域観光事業支援」を実施し，都道府県が行う「県民割」への財政支援を行った。

➡ 2022年10月中旬から，政府は「全国旅行支援」を始め，入国者数の上限を撤廃し，個人の外国人観光客の入国を解禁した。

➡ 政府は，「ワーケーション」「ブレジャー」といった仕事と休暇を組み合わせた旅行の普及を図っている。

EPA／FTA

出題可能性 ★ ★ ★

公務員試験では定番テーマ。日英EPAやRCEPの発効を祝って1問！

　FTA（**自由貿易協定**）とは，特定の国・地域の間で，相互に物品の関税を削減・撤廃したり，サービス貿易の障壁を取り除いたりして，貿易の拡大を図る取り決め。FTAに加え，投資，人の移動，知的財産の保護，競争政策のルールづくり，さまざまな分野での協力など，経済全般の連携強化を目指す総合的な協定が**EPA**（**経済連携協定**）だ。

　2022年末現在，**日本の署名・発効済みのEPA／FTAの数は21**にのぼっている❶。

◇日本のEPAの締結状況

　日本が初めてEPAを締結した相手はシンガポール（2002年）。その後も，日本はASEAN 7か国との間で次々とEPAを締結し，さらにASEAN全体とも2008年に「日ASEAN包括的経済連携協定」を発効させた❷。

　このほか，日本は中南米3か国（メキシコ，チリ，ペルー）や，スイス，オーストラリアとEPAを締結。アジア地域では，インドやモンゴルとのEPAが発効済みだ。

　2019年には**EUとのEPAが発効**。物品市場アクセスの改善，サービス貿易・投資の自由化，国有企業・知的財産・規制協力におけるルールの構築等を含む幅広い協定だ。世界最大級の自由な先進経済圏となっている。

　さらに2020年，日本はEUを離脱したイギリスとのEPAにも署名。EUとのEPAをベースとした内容で，**日英EPAは2021年1月に発効した**❸。

◇TPP／CPTPP（TPP11）

　TPP（**環太平洋パートナーシップ**）**協定は，アジア太平洋の国々による広域経済連携協定**。モノの関税の削減・撤廃だけでなく，サービスや投資の自由化も進め，さらに知的財産，金融サービス，電子商取引，国有企業，労働，環境など幅広い分野で「21世紀型のルール」を構築する協定だ。

❶2022年3月末時点で署名・発効済みのEPA／FTAの相手国・地域との貿易が2021年の貿易総額に占める割合は，78.8%（『通商白書2022』）。

❷二国間EPA締結国は，シンガポール，マレーシア，タイ，インドネシア，ブルネイ，フィリピン，ベトナム。

❸追加的に鉄道車両・自動車部品等の品目で市場アクセスを改善したほか，電子商取引，金融サービス等の分野では，日EU・EPAよりも先進的かつハイレベルなルールを定めた。

✎ IPEF（アイペフ；インド太平洋経済枠組み）

　アメリカのバイデン大統領の提唱による新たな経済圏構想。2022年5月に立ち上げ，9月に交渉開始を決定した。2022年末時点の参加国は14（アメリカ，日本，インド，オーストラリア，ニュージーランド，韓国，フィジー，ASEAN 7か国）。

4 経済政策

交渉参加12か国は2016年にTPP協定に署名❹。だが2017年にアメリカが離脱を表明したため，同協定の発効は絶望的になった。

そこで2018年3月，アメリカを除くTPP参加11か国（TPP11）は，TPP協定の内容を基本的に維持した新協定＝CPTPP（包括的・先進的TPP協定）に署名。**2018年末，CPTPPは発効**に至った❺。

◇RCEP（地域的な包括的経済連携）

2013年，RCEPの交渉がスタート。ASEAN諸国に日本，中国，韓国，オーストラリア，ニュージーランド，インドを加えた16か国が参加した。

2020年，インドを除く15か国によるRCEP首脳会議が開催され，首脳たちは**RCEP**（地域的な包括的経済連携）**協定**に署名。同協定は2022年1月に発効した。

RCEP参加国全体での関税撤廃率は91％（品目数ベース）。日本側の農産品の関税については，重要5品目を関税の削減・撤廃の対象外とした❻。

この15か国が占めるのは，世界の人口，GDP，貿易総額の約3割。世界最大規模の自由貿易圏が誕生した。日本にとっては，**中国や韓国との初めての経済連携協定**となる。

加えて，RCEPは関税削減・撤廃だけでなく，知的財産や電子商取引等のルールを整備。地域の貿易・投資の促進やサプライチェーンの効率化が期待される。

❹シンガポール，ニュージーランド，チリ，ブルネイ，オーストラリア，ペルー，ベトナム，マレーシア，メキシコ，カナダ，日本，アメリカの12か国。

❺2022年末現在，イギリス，中国，台湾，エクアドル，コスタリカ，ウルグアイが加盟申請中。

❻重要5品目とはコメ，麦，牛肉・豚肉，乳製品，砂糖。

日米貿易協定

TPPから離脱したアメリカとの間では，「日米貿易協定」「日米デジタル貿易協定」が2020年に発効。

出る文

➡2022年末現在，日本の署名・発効済みのEPA／FTAの数は21となっている。

➡日本は2019年にEUとのEPAを発効させ，2021年にはイギリスとのEPAを発効させた。

➡2018年末，アメリカを除くTPP（環太平洋パートナーシップ）参加11か国による新協定「CPTPP」が発効した。

➡2022年1月，ASEAN諸国に日本や中国など5か国を加えた15か国が署名したRCEP（地域的な包括的経済連携）協定が発効した。

金融政策

出題可能性 ★★★

日銀は金融緩和を継続。導入からの流れを振り返ろう！

4

経済政策

◆長短金利操作付き量的・質的金融緩和

　日本銀行（日銀）は，**2016年9月**に**「長短金利操作付き量的・質的金融緩和」** を導入。「長短金利操作」と「オーバーシュート型コミットメント」の2つを始めた❶。

　「長短金利操作」とは，金融市場調節の操作目標として短期金利と長期金利をともに操作すること。中央銀行が長期金利を操作するのは世界でも異例の試みだ。

　短期金利については，2016年1月に導入した「マイナス金利」を維持。民間金融機関が保有する日銀当座預金の一部に**マイナス金利（▲0.1％）を適用**した❷。

　長期金利については，**10年物国債金利が0％程度で推移するように長期国債の買入れを実施**❸。買入れ額は保有残高の増加額で年間約80兆円をめどとする。

　一方，「オーバーシュート型コミットメント」とは，消費者物価指数の前年比上昇率の実績値が安定的に2％の「物価安定の目標」を超えるまで，マネタリーベース（日銀が供給する通貨）の拡大方針を継続するとのコミットメント（約束）❹。時間軸についての表現を強め，予想物価上昇率の引き上げをねらう。

　その後，2018年7月，日銀は長短金利操作についての方針を一部変更。長期金利について一定程度の変動を容認し，また長期国債の買入れ額も弾力化するとした。

◆コロナへの対応

　コロナの感染拡大の影響を踏まえ，日銀は**2020年3月以降，金融緩和を一段と強化**。①企業等への資金繰り支援，②金融市場安定のための円や外貨の潤沢な供給，③ETF・J-REITの買入れを行ってきた。

　①では，2020年5月に**「新型コロナ対応資金繰り支援特別プログラム」**を導入❺。2022年3月末まで実施した（ただし，中小企業等向けの支援策の一部については2023年3月末まで再延長）。

　②では，国債等を積極的に買入れ。2020年4月には，

---

❶長短金利操作は「イールドカーブ・コントロール」とも呼ばれる。イールドカーブとは，債券の「残存期間（償還までの期間）」と「利回り（金利）」との関係を表す曲線。

❷金利は3段階（0.1％，0％，▲0.1％）で設定。マイナス金利だと，金融機関が日銀に資金を預けても利子がつかず，かえって手数料を取られるため，企業などへの貸出を促す効果が期待できる。

❸日銀は，長期国債のほか，ETF，J-REIT，社債等の買入れも行っている。
　ETF＝指数連動型上場投資信託。J-REIT＝日本版不動産投資信託。

❹ここでの消費者物価指数は，生鮮食品を除く指数（コア指数）。

長短金利操作についての方針を一部変更し，**長期国債の買入れ額の上限を撤廃して上限を設けず必要な金額の買入れを行う**とした。

③では，2020年3月にETF・J-REITの買入れ上限額を倍増。積極的な買入れを行うとした。

◇金融緩和の一部修正

2021年3月，日銀は「より効果的で持続的な金融緩和を実施していくための点検」を公表。点検の結果，政策の一部を修正することを決定した❻。

長短金利操作を柔軟に運営するため，**長期金利については許容する変動幅を±0.25％程度とすることを明確化**。同時に，「**連続指値オペ制度**」を導入した。指値オペとは，特定の利回りを指定して国債を無制限に買い入れるオペレーション（公開市場操作）。これを一定期間，連続して行うのが「連続指値オペ」で，長期金利の上昇をより強く抑えることをねらう。

2022年4月，日銀は長短金利操作についての方針に「連続指値オペの運用の明確化」を追加。10年物国債金利について0.25％の利回りでの「**指値オペ**」を原則として毎営業日実施するとした。

2022年12月，日銀は長短金利操作の運用を一部見直し。国債買入れ額を大幅に増額しつつ，**長期金利について許容する変動幅を従来の±0.25％から±0.5％に拡大する**とした❼。

❺2020年3月以降のCP・社債等の買入れ増額，2020年3月に導入した新型コロナ対応金融支援特別オペ，2020年5月に導入した中小企業等の資金繰り支援のための新たな資金供給手段を合わせた特別措置。

❻左記のほか，ETF・J-REITについては「原則的な買入れ方針」を撤廃。必要に応じて買入れを行うとした（ただし，年間買入れ上限額は維持）。

❼「指値オペ」については，10年物国債金利について「0.5％」の利回りで原則として毎営業日実施する。

4

経済政策

出る文

➡ 日銀は2016年9月，金融緩和を強化するため，「長短金利操作付き量的・質的金融緩和」を導入した。

➡ 日銀は2020年4月，10年物国債金利が0％程度で推移するよう，上限を設けず必要な金額の長期国債の買入れを行うとした。

➡ 日銀は2022年4月，長短金利操作についての方針に，指値オペを原則として毎営業日実施することを追加した。

➡ 日銀は2022年12月，長期金利について許容する変動幅を従来の±0.25％程度から±0.5％程度に拡大するとした。

経済政策の出る文穴埋めチェック

❶ 2022年の（　　）推進法は，重要物資の安定供給や基幹インフラの安定提供を確保するための制度を定めた。　→ p.52

❷ 政府は，「人への投資」を抜本的に強化するため，5年間で（　　）兆円規模の投資を行う「施策パッケージ」を実施している。　→ p.53

❸ 2022年10月の経済対策により，物価高騰対策として（　　）・ガス料金の一部を国が負担する激変緩和措置が実施される。　→ p.55

❹ 2022年に改定された「（　　）推進アクションプラン」は，2022年度からの10年間の事業規模目標を30兆円に設定した。　→ p.56

❺ 政府は，農林水産物・食品の輸出額を2025年までに2兆円，2030年までに（　　）兆円とする目標を掲げている。　→ p.57

❻ 2022年10月中旬から，政府は「（　　）支援」を始め，入国者数の上限を撤廃し，個人の外国人観光客の入国を解禁した。　→ p.59

❼ 日本は2019年にEUとのEPAを発効させ，2021年には（　　）とのEPAを発効させた。　→ p.61

❽ 2022年1月，ASEAN諸国に日本や中国など5か国を加えた15か国が署名した（　　）（地域的な包括的経済連携）協定が発効した。　→ p.61

❾ 日銀は2020年4月，10年物国債金利が（　　）％程度で推移するよう，上限を設けず必要な金額の長期国債の買入れを行うとした。　→ p.63

❿ 日銀は2022年12月，長期金利について許容する変動幅を従来の±0.25％程度から±（　　）％程度に拡大するとした。　→ p.63

解　答

❶ **経済安全保障**：同法は，官民一体となった重要技術の研究開発推進や特許非公開制度の整備も定めた。

❷ **1**：2022年10月の総合経済対策で拡充された。

❸ **電気**：燃料油価格の激変緩和対策も継続して実施する。

❹ **PPP／PFI**：「新しい資本主義」における「新たな官民連携の柱」。

❺ **5**：2021年の輸出額は初めて1兆円を突破した。

❻ **全国旅行**：支援対象を日本全国の旅行に拡大した。

❼ **イギリス**：イギリスがEUを離脱したため，二国間EPAを締結。

❽ **RCEP**：当初はインドが交渉に参加していたが，途中で離脱した。

❾ **0**：長期金利の誘導目標については0％程度を維持。

❿ **0.5**：長期金利の誘導目標（0％程度）自体の変更ではない。

第5章 財政

一般会計当初予算

出題可能性 ★ ★ ★

一般会計当初予算は最頻出。歳出内訳だけでなく，歳入内訳にも注目！

岸田内閣は，令和4年度一般会計当初予算を令和3年度補正予算と一体的に編成❶。コロナ対策に万全を期しつつ，「成長と分配の好循環」による「新しい資本主義」の実現を図るための予算とした。

4年度の一般会計当初予算の規模は107兆5964億円。前年度当初予算に比べ，9867億円（0.9％）増加した。100兆円を超えるのは4年連続。10年連続で過去最大を更新した。

❶令和3年度補正予算（2021年12月成立）の規模は35兆9895億円。

◇一般会計歳出

令和4年度一般会計歳出の経費別内訳は次のとおり。

		金額	構成比	増減額
一般歳出		67兆3746億円	62.6％	4723億円
	社会保障関係費	36兆2735億円	33.7％	4393億円
	公共事業関係費	6兆 575億円	5.6％	26億円
	文教及び科学振興費	5兆3901億円	5.0％	▲24億円
	うち科学振興費	1兆3788億円	1.3％	150億円
	防衛関係費	5兆3687億円	5.0％	542億円
	コロナ対策予備費	5兆0000億円	4.6％	—
国債費		24兆3393億円	22.6％	5808億円
地方交付税交付金等		15兆8825億円	14.8％	▲664億円

（増減額は前年度当初予算との差，▲は減少を表す）

国の政策を実施するための経費である一般歳出も増加❷。社会保障関係費が大きく増えた❸。

一般歳出に占める割合でも最大なのは社会保障関係費。36.3兆円に及び，一般歳出の半分以上（53.8％），歳出全体の3分の1程度（33.7％）を占めている。

科学技術振興費は過去最大の1.4兆円。また，**防衛関係費は10年連続で増額され，過去最大の5.4兆円**となった。このほか，コロナに柔軟に対応するための「新型コロナウイルス感染症対策予備費」が前年度と同じく5兆円計上された。

❷一般歳出は，歳出総額から国債費と地方交付税交付金等を除いた経費。

❸社会保障関係費については，実質的な伸びを高齢化による増加分に収めるという「目安」を達成（p.71参照）。

国債費は2年連続で増加❹。元本返済分である「債務償還費」が増え，過去最大となった。

◆一般会計歳入

令和4年度一般会計歳入の内訳は次のとおり。

		金額	構成比	増減額
税収		65兆2350億円	60.6%	7兆7870億円
	うち消費税	21兆5730億円	20.0%	1兆2890億円
	うち所得税	20兆3820億円	18.9%	1兆7150億円
	うち法人税	13兆3360億円	12.4%	4兆3390億円
その他収入		5兆4354億円	5.1%	▲1293億円
公債金		36兆9260億円	34.3%	▲6兆6710億円
	うち建設公債	6兆2510億円	5.8%	▲900億円
	うち赤字公債	30兆6750億円	28.5%	▲6兆5810億円

（増減額は前年度当初予算との差）

令和4年度一般会計歳入における税収見込みは65.2兆円。消費税，所得税，法人税のすべてが増え，過去最大額が見込まれている。税収がまかなうのは歳出全体の6割程度。税収内訳では，消費税が21.6兆円となり，所得税を上回って最大の税目となっている❺。

税収増により，**公債金収入（新規国債発行額）は大きく減額**。前年度より6.7兆円減少し，36.9兆円となった。公債金収入が歳入総額に占める割合を示す**公債依存度は34.3%**。前年度当初予算時（40.9%）に比べ，大きく低下した。

❹国債費は，国債の元本返済や利子の支払いに充てられる経費。
　国債費のうち，利払い費（利子及び割引料）は8兆2472億円で，前年より2563億円減少。

📝 財政投融資

令和4年度財政投融資計画（当初）の規模は18兆8855億円。コロナ対策で大きく膨らんだ前年度（40兆9056億円）に比べ53.8%減少した。

❺2023年10月から，消費税の仕入税額控除の方式としてインボイス（税率や税額などを記載する請求書）制度が導入される。

5 財政

出る文

➡ 令和4年度一般会計当初予算は4年連続で100兆円を超え，107.6兆円となった。

➡ 令和4年度一般会計当初予算の一般歳出で最大なのは社会保障関係費で，一般歳出の半分以上，歳出全体の3分の1程度を占める。

➡ 令和4年度一般会計当初予算の歳入では，税収が大きく増加して65.2兆円と過去最大となり，歳出全体の6割程度をまかなっている。

➡ 令和4年度の一般会計当初予算における新規国債発行額は36.9兆円となり，公債依存度は34.3%に低下した。

一般会計補正予算

出題可能性 ★★★

令和4年度，政府は補正予算を2回編成。補正後の一般会計予算の姿にも注意！

◇第1次補正予算

2022年5月，**令和4年度一般会計第1次補正予算**が成立。4月策定の「コロナ禍における『原油価格・物価高騰等総合緊急対策』（p.54）」を実施するための経費などが計上された。総額は**2兆7009億円**だ。

歳出では，上記の対策関係経費が2兆6939億円。このうち原油価格高騰対策に1兆1739億円が充てられた**❶**。**歳入は全額を赤字国債でまかなった**。

◇第2次補正予算

2022年12月，**令和4年度一般会計第2次補正予算**が成立。10月策定の「物価高克服・経済再生実現のための総合経済対策（p.55）」の実施に向けた経費などが計上された。総額は**28兆9222億円**だ。

歳出では，上記の対策関係経費が29兆861億円**❷**。このうち「物価高騰・賃上げへの取組」に7兆8170億円，「『新しい資本主義』の加速」に5兆4956億円が充てられた**❸**。

歳入では，税収増の見込みが3兆1240億円。さらに**国債を追加で22兆8520億円発行する**（建設国債2兆4760億円，赤字国債20兆3760億円）**❹**。

当初予算と2つの補正予算を合わせた**令和4年度一般会計予算は139兆2196億円**。**新規国債発行額は62兆4789億円**にのぼり，**公債依存度は44.9%**にまで上昇した。

❶このほか，「コロナ及び原油価格・物価高騰対策予備費」に1兆1200億円，一般予備費に4000億円を計上。

❷当初予算からの振替分を含む。

❸このほか，「円安を活かした地域の『稼ぐ力』の回復・強化」に3兆4863億円，「国民の安全・安心の確保」に7兆5472億円を充てた。また，「コロナ及び原油価格・物価高騰対策予備費」に3兆7400億円，新設の「ウクライナ情勢経済緊急対応予備費」に1兆円を計上。

❹加えて，税外収入の増加分も前年度の剰余金も活用する。

出る文

➡ 当初予算と第1次・第2次の補正予算を合わせた令和4年度一般会計予算の規模は139.2兆円に達した。

➡ 第2次補正後の令和4年度一般会計予算における新規国債発行額は62.5兆円にのぼり，公債依存度は44.9%にまで上昇した。

令和４年度税制改正

出題可能性 ★★

毎年の税制改正も重要テーマ。令和４年度改正の注目は賃上げ促進税制！

◇法人課税

法人課税改正の目玉は**賃上げ促進税制の見直し**。**積極的な賃上げや人材投資を促す**ための改正だ。

大企業については，継続雇用者の給与総額を前年度比で3%以上増やした場合，雇用者全体の給与総額の増加分の15%を税額控除。さらに，賃上げや人材投資（教育訓練）に積極的な場合は控除率を上乗せし，**控除率を最大30%に引き上げる❶**。

中小企業は大企業より優遇。雇用者の給与総額を前年度比で1.5%以上増やした場合，雇用者全体の給与総額の増加分の15%を税額控除する。さらに，賃上げや人材投資に積極的な場合は控除率を上乗せ。**控除率を最大40%に引き上げる❷**。

このほか，**オープンイノベーション促進税制を拡充**。対象となるベンチャー企業を拡大し，適用期限を2年延ばす❸。5G導入促進税制も見直し。税額控除率を段階的に引き下げる一方，適用期限を3年延ばす❹。

◇個人所得課税

個人所得課税では，所得税の税額控除となる**住宅ローン控除制度を見直し**。税額控除率を1%から0.7%に引き下げる一方，新築住宅については控除期間を10年から13年に拡大する。適用期限も4年延ばす❺。

省エネ性能の高い認定住宅等は，借入限度額を上乗せ。新築住宅だけでなく，既存住宅も対象となる❻。

❶2024年3月末までの措置。なお，一定規模以上の大企業については，マルチステークホルダー宣言（従業員への還元や取引先への配慮を行うことを宣言）が適用要件。

❷2024年3月末まで。

❸2024年3月末まで。

❹2025年3月末まで。

❺2025年末までの入居者が対象。

❻一方，資産課税では，住宅取得資金にかかわる贈与税の非課税措置を見直し。格差の固定化を防ぐため，非課税枠を引き下げ，適用期間を2年延長（2023年12月末まで）。

5
財政

出る文

➡ 令和４年度税制改正では，給与総額を一定以上増やし，積極的な人材投資をした企業の税額控除率を引き上げた。

➡ 令和４年度税制改正は，オープンイノベーション促進税制や住宅ローン控除の拡充を盛り込んだ。

政府の債務

出題可能性 ★ ★

債務残高は毎年増加。日本の将来を考えるうえでも，大まかな数値の把握は不可欠！

◇債務残高

政府債務残高は財政赤字の積み重ね。心配なことに，増加の一途をたどっている。

令和4年度末の国債残高は，建設国債が約289兆円，赤字国債（特例国債）が約734兆円に達する見込み。これらに平成23年度から発行されている復興債の残高も合わせた「普通国債の残高」は1029兆円程度にもなる。

また，国には国債のほかにも，さまざまな特別会計における借入金などがある。これらを加えた「国の長期債務残高」は，4年度末には1058兆円程度にのぼる。

借金をしているのは国だけではない。国の債務に地方自治体分（189兆円程度）を加えた「国と地方の長期債務残高」は4年度末にはおよそ1247兆円。名目GDPの2倍以上（225%）に及ぶ膨大な借金だ❶。

◇国債の保有者

近年，量的・質的金融緩和により日銀は国債を大量に購入。日銀の国債保有残高は大きく増加している。2021年末には，日銀が保有する国債等（＝国債及び国庫短期証券）は529.5兆円にのぼった❷。

国債等の保有者内訳でも，保有割合が最も高いのは日銀❸。日銀の保有割合は，2012年の1割程度から2021年には4割超となった。一方，銀行等の割合は4割弱から16%にまで低下。両者の位置づけが逆転した。

❶以上の数値は，財務省「日本の財政関係資料」（2022年10月）による。

❷以下，財務省『債務管理レポート2022』による。

❸国債等の保有者内訳

保有者	構成比
日銀	43.4%
銀行等	16.0%
生損保等	18.1%
公的年金	3.7%
年金基金	2.6%
家計	1.0%
海外	14.3%

（2021年12月末速報値）

出る文

→ 令和4年度末の国と地方の長期債務残高は，名目GDPの2倍以上の1247兆円にのぼる見込みである。

→ 2021年末の国債等の保有者内訳を見ると，日銀の占める割合は4割を超えている。

財政健全化

出題可能性 ★

政府は財政健全化目標に取り組むと表明。予算編成の目安にも留意！

◆財政健全化目標

2018年，政府は2025年度までの「**新経済・財政再生計画**」を策定。次の2つの財政健全化目標を設定した。

①経済再生と財政健全化に着実に取り組み，**2025年度の国・地方を合わせたプライマリーバランス黒字化**を目指す❶。②同時に，債務残高対GDP比の安定的な引き下げを目指す。

2022年6月，政府は「**骨太方針2022（経済財政運営と改革の基本方針2022）**」において，「財政健全化の『旗』を下ろさず，これまでの財政健全化目標に取り組む」と表明。ただし，「経済あっての財政であり，現行の目標年度により，状況に応じたマクロ経済政策の選択肢が歪められてはならない」との留保も書き入れ，「状況に応じ必要な検証を行っていく」とした。

❶プライマリーバランス（基礎的財政収支）とは，「税収・税外収入」から「国債費を除く歳出（＝基礎的財政収支対象経費）」を差し引いた財政収支。

◆歳出の目安

2021年の「骨太方針2021」は，2022～2024年度の3年間の予算について，2019～2021年度の予算と同様，**3つの「目安」を設定**。歳出改革努力を継続するとした。

①社会保障関係費については，実質的な増加を高齢化による増加分に相当する伸びに収めることを目指す。②社会保障関係費以外については，これまでの歳出改革の取組みを継続する。③地方の一般財源の総額については，2021年度地方財政計画の水準を下回らないよう実質的に同水準を確保する。

- ➡ 財政健全化目標とは，2025年度の国・地方を合わせたプライマリーバランスの黒字化と債務残高対GDP比の安定的な引き下げである。
- ➡ 政府は「骨太方針2022」で，「これまでの財政健全化目標に取り組む」と表明した。

財政赤字の国際比較

出題可能性 ★ ★

日本の財政赤字の深刻さを見る重要な視点。図表問題にも注意！

日本の財政赤字は深刻な状況。日本と主要先進国の財政赤字を比較すると，日本は収支で見ても，債務残高で見ても，悪い水準にある❶。

◆財政収支の国際比較

近年の**一般政府の財政収支の対GDP比**は次の表のとおり❷。

年	日本	アメリカ	イギリス	ドイツ	フランス	イタリア
2019	▲3.6	▲6.6	▲2.3	1.5	▲3.1	▲1.5
2020	▲8.7	▲15.5	▲12.8	▲4.3	▲8.9	▲9.6
2021	▲5.2	▲11.8	▲8.3	▲3.8	▲6.4	▲7.2

(単位：%，▲は赤字)

2020年には，コロナ対策で各国とも財政赤字が大きく拡大。2021年も赤字となっている。

◆債務残高の国際比較

次の表は，近年の**一般政府の債務残高の対GDP比**。

年	日本	アメリカ	イギリス	ドイツ	フランス	イタリア
2019	236.1	108.8	83.9	58.9	97.4	134.1
2020	259.0	134.2	102.6	68.7	115.2	155.3
2021	263.1	132.6	95.3	70.2	112.3	150.9

(単位：%)

この指標では，日本は主要先進国のなかで**最悪の水準**。しかも，極端に悪い水準にある。

❶以下の数値は，財務省「日本の財政関係資料」(2022年10月)による。

❷一般政府とは，中央政府，地方政府，社会保障基金を合わせたもの。

出る文

➡ 主要先進国の財政収支赤字の対GDP比は，2020年にはコロナ対策もあり，各国とも大きく拡大した。

➡ 政府債務残高の対GDP比では，日本は主要先進国のなかで最悪の水準にある。

税の国際比較

出題可能性 ★★

税の国際比較も忘れてはならないテーマ。注目は法人実効税率！

◇法人実効税率

日本は2015・2016年度に成長志向の法人税改革を実施。税率を段階的に引き下げてきた。2018年度以降の**法人実効税率は29.74%**となっている❶。

主要先進国との比較では，日本はドイツと同程度。その他の先進国より高い水準にある。

なお，2021年10月，OECD（経済協力開発機構）加盟国を含む136か国・地域が，**法人税の最低税率を15%とすることに合意**❷。法人税率の引き下げ競争に歯止めがかかることになった。

法人実効税率	
日本	29.74%
ドイツ	29.83%
アメリカ	27.98%
カナダ	26.50%
フランス	25.00%
イタリア	24.00%
イギリス	19.00%

（2022年1月）

❶法人実効税率とは，国税・地方税等を含む法人所得に対する税率。
以下の数値は2022年の財務省資料による。

❷このほか，巨大IT企業などグローバル企業への「デジタル課税」も導入するとした。

◇租税負担率

2022年度（令和4年度）予算ベースで見た**日本の租税負担率は27.8%**❸。2019年時点の国際比較では，日本はアメリカと並ぶ低い水準にある。

これに対し，高負担高福祉で有名なスウェーデンの租税負担率はやはり高水準。所得の半分以上になっている。

租税負担率	
日本	25.8%
アメリカ	23.9%
ドイツ	32.0%
イギリス	35.5%
フランス	43.1%
スウェーデン	51.3%

（2019年，日本は2019年度）

❸租税負担率とは，租税負担額の国民所得に対する比率。

➡ 日本の法人実効税率は3割を切る水準にあり，主要先進国との比較ではドイツと同程度で，その他の先進国より高い水準にある。

➡ 租税負担率を2019年時点で比較すると，日本は，イギリス，ドイツ，フランスなどより低く，アメリカと並ぶ低い水準にある。

社会保障の給付と負担

出題可能性 ★★★

国民負担率は頻出データの1つ。国際比較にも注意が必要！

◇社会保障給付費

少子高齢化の進展で**社会保障給付費は年々増加**❶。**2020年度の総額は132兆2211億円**にのぼった❷。前年度比では6.7％の増加。過去最高を更新した。対GDP比は24.69％。前年度に比べて2.45ポイント上昇した。

部門別の内訳は，「年金」が55.6兆円，「医療」が42.7兆円，「福祉その他」が33.9兆円（うち，「介護対策」が11.4兆円）。年金給付が42.1％を占めている。

◇国民負担率

国民負担率とは，国民負担額（租税負担額と社会保障負担額）の国民所得に対する比率。近年は40％台で推移し，**令和4年度の国民負担率は46.5％**となる見通し❸（内訳は，租税負担率27.8％，社会保障負担率18.7％）。

日本の国民負担率❸	
平成30年度	44.3%
令和元年度	44.4%
2年度	47.9%
3年度	48.0%
4年度	46.5%

また，財政赤字は将来世代への国民負担の先送り。こうした**財政赤字を加えた「潜在的な国民負担率」は，令和4年度で56.9％**に跳ね上がる。

日本の国民負担率は他の先進国に比べると低水準。2019年時点の国際比較では，アメリカより高いが，他の先進国よりは低くなっている❹。

❶社会保障給付費は，社会保障制度を通じて国民に給付される金銭またはサービスの合計額。

❷2022年8月発表。

❸令和3年度は実績見込み，4年度は見通し。

❹国民負担率

日本	44.4%
アメリカ	32.4%
イギリス	46.5%
ドイツ	54.9%
スウェーデン	56.4%
フランス	67.1%

（2019年，日本は2019年度）

出る文

➡ 2020年度の日本の社会保障給付費は約132兆円にのぼり，そのうち年金給付が42％程度を占めている。

➡ 日本の国民負担率は近年40％台で推移しており，令和4年度には約47％になる見通しである。

地方財政計画

出題可能性 ★★

国家公務員試験でも出題例あり。スルーは禁物！

「地方財政」は地方自治体の財政活動の総称。令和4年度の**地方財政計画の総額は90兆5918億円**で，前年度に比べ7858億円（0.9％）増加した❶。

◇**歳出**

主な項目	金額	増減額
給与関係経費	19兆9644億円	▲1896億円
一般行政経費	41兆4433億円	5609億円
公債費	11兆4259億円	▲3540億円
投資的経費	11兆9785億円	512億円

（▲は減少を表す）

政策的経費である**地方一般歳出は75兆8761億円**。前年度に比べ4718億円（0.6％）増加した。

◇**歳入**

主な項目	金額	増減額
地方税	41兆2305億円	2兆9601億円
地方譲与税	2兆5978億円	7516億円
地方交付税	18兆 538億円	6153億円
国庫支出金	14兆8826億円	1195億円
地方債	7兆6077億円	▲3兆6331億円

歳入項目では，地方税が前年度に比べ大幅に増収❷。地方交付税も増加した。

地方債は減少。そのうち赤字公債である「臨時財政対策債」は1兆7805億円で，前年度に比べ3兆6992億円も減少した❸。

❶「東日本大震災対応分」を除いた「通常収支分」の規模。

5

財政

❷地方税が歳入総額に占める割合は45.5％となっている。

❸なお，使途が特定されていない一般財源総額は，交付団体ベースで，令和3年度を203億円上回る額（62兆135億円）を確保した。

出る文

➡ 令和4年度の地方財政計画の総額は前年度に比べ増加し，90.6兆円となった。

➡ 令和4年度の地方財政計画の歳入では，地方税が大幅に増加した一方，地方債は大幅に減少した。

財政の出る文穴埋めチェック

❶令和4年度一般会計当初予算は4年連続で100兆円を超え，（　　）兆円となった。 →p.67

❷令和4年度一般会計当初予算の一般歳出で最大なのは（　　）で，一般歳出の半分以上，歳出全体の3分の1程度を占める。 →p.67

❸令和4年度の一般会計当初予算における新規国債発行額は36.9兆円となり，（　　）は34.3％に低下した。 →p.67

❹当初予算と第1次・第2次の（　　）を合わせた令和4年度一般会計予算の規模は139.2兆円に達した。 →p.68

❺令和4年度税制改正では，（　　）総額を一定以上増やし，積極的な人材投資をした企業の税額控除率を引き上げた。 →p.69

❻令和4年度末の国と地方の（　　）は，名目GDPの2倍以上の1247兆円にのぼる見込みである。 →p.70

❼財政健全化目標とは，2025年度の国・地方を合わせた（　　）の黒字化と債務残高対GDP比の安定的な引き下げである。 →p.71

❽政府債務残高の対GDP比では，日本は主要先進国のなかで（　　）の水準にある。 →p.72

❾2020年度の日本の社会保障給付費は約132兆円にのぼり，そのうち（　　）給付が42％程度を占めている。 →p.74

❿令和4年度の地方財政計画の総額は前年度に比べ（　　）し，90.6兆円となった。 →p.75

5 財政

解答

❶**107.6**：前年度に比べ9867億円（0.9％）増えた。

❷**社会保障関係費**：その規模は36.3兆円。

❸**公債依存度**：第2次補正予算後には44.9％に上昇した。

❹**補正予算**：2022年4月と10月の経済対策関係経費などが計上された。

❺**給与**：賃上げや人材投資に積極的な企業の税額控除率を引き上げる。

❻**長期債務残高**：そのうち国債残高は1029兆円。

❼**プライマリーバランス**：「税収・税外収入」から「国債費を除く歳出（＝基礎的財政収支対象経費）」を差し引いた財政収支。

❽**最悪**：日本は，突出して悪い水準にある。

❾**年金**：次いで多いのは「医療」「福祉その他」の順である。

❿**増加**：前年度に比べ7858億円（0.9％）増加した。

第6章

6

第　章

世界経済

アメリカ経済

出題可能性 ★★★

世界経済では頻出のアメリカ。金融引き締め政策にも注目！

◆GDPと貿易

2020年のアメリカ経済はコロナの感染拡大で低迷。4-6月期に急速に落ち込んだ。7-9月期以降は財政出動により回復。だが，2020年の実質GDP成長率は▲2.8%とマイナスだった❶。

2021年の実質GDP成長率は5.9%。前年の落ち込みの反動に加え，底堅い消費需要に支えられ，1984年以来37年ぶりとなる高成長を遂げた❷。

四半期別では，2021年を通じて前期比プラスで推移❸。実質GDPの規模も，2021年4-6月期にはコロナ禍前の2019年10-12月期の水準を上回るようになった。

2021年の財貿易の赤字は拡大。輸出も輸入も増えたが，輸入のほうが輸出より大きく伸びたためだ。しかも赤字額は初めての1兆ドル超え。過去最大を更新した。

財貿易赤字の最大の相手国は中国。赤字全体の約3分の1を占める。対中貿易は，2019～2020年にはトランプ政権による追加関税措置等で赤字幅が縮小。だが，2021年には拡大に転じた。

◆労働市場

失業率（労働力人口に占める完全失業者の割合）は，コロナの影響で2020年4月に14.7%に急上昇したが，その後は下落。2022年4月には3.6%にまで改善し，**コロナ禍前の水準に戻った**。

労働参加率（生産年齢人口に占める労働力人口の割合）は，2020年4月を底に上昇傾向。とはいえ，2022年初になってもコロナ禍前の水準には戻らず，労働市場は労働力人口が少ない状態にある。2021年については，自主退職者の増加も一因。2021年11月には過去最多の450万人に達した。

その一方，起業は増加。2020年半ば以降，従業員雇用を前提とした起業申請件数が増え，2021年中もコロナ禍前より多い水準で推移した。

---

❶この章の各国・地域の実質GDP成長率は，2022年12月の内閣府資料に基づく（GDP統計は改定されるため，『通商白書2022』の数値とは異なることがあるので注意）。

❷個人消費支出は，コロナ対策として行われた家計への現金給付等の財政措置によって底堅く推移した。

❸季節調整値。ただし，2022年1-3月期の成長率は前期比マイナスとなった。

✐ イギリス経済

2021年の実質GDP成長率は5.1%。2022年1-3月期の実質GDPは2019年10-12月期の水準まで回復した。

BOE（イングランド銀行）は，2021年12月以降，インフレ対策として相次いで政策金利を引き上げた（2022年末の水準は3.5%）。

◆物価

物価は大きく上昇❹。コロナの影響によるサプライチェーンの混乱，人手不足，資源・エネルギー価格の高騰などにより**インフレが進んでいる**。さらにロシアによるウクライナ侵略がサプライチェーンの混乱やエネルギー・食料価格の高騰を助長。インフレ圧力を高めた。

インフレ状況を見ると，PCE（個人消費支出）価格指数も食品やエネルギーを除いたコアPCE価格指数も，2020年5月以降，前年同月比で上昇続き。2021年夏頃からは**FRB（連邦準備制度理事会）が目標とする2%を上回るようになった**❺。

◆金融政策

2020年3月，コロナによる経済の落ち込みを受け，FRBは政策金利であるFF金利（フェデラル・ファンドレート）の誘導目標を2度にわたって引き下げ。FF金利は**実質ゼロ金利（0.00〜0.25%）**となった。同時に，FRBは国債等を買い入れる量的緩和策も実施した。

その後景気回復が進み，2021年11月，FRBは**量的緩和の縮小（テーパリング）を開始**。国債等の買い入れを減額した（2022年3月終了）❻。

2022年3月，FRBはインフレを抑えるため0.25%の利上げを実施。その後も相次いでFF金利を大幅に引き上げた（2022年12月末時点の誘導目標は4.25〜4.5%）❼。2022年6月からは**量的引き締め**も開始。国債等の保有資産を削減している。

❹住宅価格も上昇。S&Pケースシラー住宅価格指数（主要20都市）の前年同月比は，2020年後半から顕著に上昇。2021年半ばから2022年初にかけては統計開始以来の高水準（20%程度）で推移した。

❺2022年4月のPCE価格の前年同月比上昇率は6.3%，コア指数は4.9%に達した。

❻2022年1月から減額幅を拡大し，当初の予定（2022年6月）より3か月早く終了した。

❼引き上げ幅は，2022年5月が0.5%，6，7，9，11月が4回連続して0.75%と大幅，12月が0.5%だった。

6

世界経済

出る文

➡ アメリカの実質GDP成長率は2020年にマイナスだったが，2021年には5%台後半に上昇し，1984年以来の高成長となった。

➡ アメリカの失業率は，2020年4月に15%近くにまで急上昇したが，その後は下落し，2022年4月には3%台に改善した。

➡ アメリカではインフレが進んでおり，PCE（個人消費支出）価格指数は，2020年5月以降，前年同月比で上昇を続けた。

➡ FRBは，インフレを抑えるため，2022年3月以降，数次にわたって政策金利を大幅に引き上げた。

中国経済

出題可能性 ★★★

世界経済分野における常連。今年も注目度はピカイチ！

◆GDP

中国経済はコロナの影響からいち早く回復。主な国のなかで唯一2020年にプラス成長（2.2％）を遂げた。

2021年の実質GDP成長率は8.1％。コロナ感染拡大前の2019年の成長率（6.0％）を上回り，中国政府が目標としていた「6％以上」を達成した❶。

四半期別の成長率（前年同期比）を見ると，**2021年1-3月期は前年の反動から高成長。だが，4-6月期以降は3四半期連続で減速**した。その後2022年1-3月期になると，小幅ながら4四半期ぶりに加速した。

2021年の産業別成長率は，各産業とも年初に高く，年末になるほど減速。製造業の減速が顕著だった。

建設業，不動産業では年後半にマイナス成長に転換。不動産投機を警戒する政府規制による不動産開発の減速や，地方政府の財政難によるインフラ投資の低迷などによるものだ。

一方，好調だったのは情報通信・情報技術サービス。コロナで加速したデジタル化や在宅需要に後押しされ，2021年中は一貫して2ケタ台の高い伸び率を維持した。

◆生産・投資・消費

2021年の工業生産は2ケタ近くの伸び（9.6％）。ただし，月次の伸び率（前年同月比）はしだいに減速し，特に全国的に電力不足となった9月に大きく落ち込んだ❷。その後の回復も緩やかだった。

2021年の固定資産投資の伸び率は前年より加速（4.9％）。とはいえ，月次の伸び率（年初来累計，前年同月比）は年初からしだいに鈍化した。政府による不動産規制，洪水，コロナ感染再拡大，電力不足，半導体不足等が響いた。

業種別で伸び率が高かったのは，電子・通信機器のほか，医薬品，衛生・社会サービスといった医療関係。一方，自動車は半導体不足でマイナスとなり，地方政府の

❶2022年の実質GDP成長率についての中国政府の目標は「5.5%前後」。

❷電力消費の多いセメントなど窯業土石，鉄鋼，非鉄金属は減速した。

財政難でインフラも低い伸びにとどまった。政府規制により，不動産開発も年後半に減速に転じた。

2021年の小売上高は2ケタ台の高い伸び（12.5％）。前年の落ち込みの反動が大きかった。

このうち，ネット販売は相変わらず2ケタ台の堅調な伸びを継続。物品販売についても，通信機器が2ケタ台の伸びを維持し，また石油製品も価格上昇から高い伸びとなった。

◇物価と雇用

2021年の特徴は，消費者物価と生産者物価の動きの大幅な乖離。**消費者物価上昇率は低水準**だった一方，**生産者物価上昇率は高水準**となった。

消費者物価上昇率は0.9％。2009年（▲0.7％）以来12年ぶりの低い伸びで，政府目標の「3％前後」を大きく下回った。雇用や所得の回復が緩やかだったためだ。

一方，生産者物価上昇率は8.1％。国際資源価格の高騰を受け，1995年（14.9％）以来26年ぶりの高い水準となった。

2021年の雇用状況は前年より改善[3]。2021年平均の都市部調査失業率は5.1％と，前年（5.6％）より低く，政府目標（5.5％前後）を達成した。

2021年の都市部新規就業者数は1269万人。こちらも政府目標（1100万人）を達成した。とはいえ，2019年（1352万人）よりは少なく，コロナショック前の水準を取り戻せなかった。

📝 中国の貿易

2021年の貿易は大幅に拡大。伸び率は，輸出が29.9％，輸入が30％に達した。輸出入額，貿易黒字額は過去最高を記録。輸出額と輸入額を合わせた貿易総額は初めて6兆ドルを超えた。

[3]ただし2021年後半には，失業率が上昇し，新規就業者数も前年同月比で減少するなど，悪化の兆しが見られた。

6

世界経済

出る文

➡ 2021年の中国の実質GDP成長率は8％台となり，コロナ前の2019年を上回り，中国政府が目標としていた「6％以上」を達成した。

➡ 中国の四半期別の実質GDP成長率（前年同期比）は，2021年1－3月期には高成長だったが，4－6月期以降は3四半期連続で減速した。

➡ 2021年の中国の固定資産投資の伸び率は前年より加速したが，前年同月比の伸び率は年初から次第に鈍化した。

➡ 2021年の中国では，消費者物価上昇率が低水準にとどまった一方，生産者物価上昇率は高水準となった。

ユーロ圏経済

出題可能性 ★★★

2020年に最大の落ち込みを記録したユーロ圏経済。2021年の回復に注目！

◇GDPと雇用

2020年のユーロ圏経済は，コロナの影響でマイナス成長。▲6.1%と過去最大の落ち込みを記録した。

2021年の実質GDP成長率は5.3%❶。前年の反動で高い伸びとなったが，前年の落ち込み幅を挽回できなかった。

四半期別では，**2021年1－3月期に2四半期連続で前期比マイナス成長**❷。その後は，サービス業を中心に個人消費が持ち直し，**3四半期連続でプラス成長**となった❸。

景気回復を受け**失業率は改善**。2021年平均は7.7%，2022年に入ると6%台後半に低下した。

◇物価と金融政策

2021年の消費者物価は急上昇。2022年4月には前年同期比7.5%を記録し，統計開始以来の高い上昇率を6か月連続で更新した。ロシアによるウクライナ侵略は，エネルギーや食品など幅広い品目の価格上昇に拍車をかけている。

2022年3月，ECB（欧州中央銀行）は量的緩和の縮小を加速させる方針を決定。資産購入プログラム（APP）の終了時期を早めた（2022年7月1日に終了）❹。

2022年7月，**ECBはインフレに対応するため11年ぶりに利上げを実施。その後も数次にわたり政策金利を引き上げた**（7月に0.5%，9，10月に0.75%，12月に0.5%）。2022年末時点の主要政策金利（主要リファイナンス・オペ金利）は2.5%となった。

❶ユーロ圏主要国の実質GDP成長率

ドイツ	2.6%
フランス	6.8%
イタリア	6.7%
スペイン	5.5%

（2021年）

❷季節調整値。

❸2022年1－3月期の実質GDPはコロナ禍以前の2019年10－12月期の水準まで回復（ユーロ圏主要国ではフランスだけが回復）。

❹パンデミック緊急購入プログラム（PEPP）による資産購入は2022年3月末終了。

➡2021年のユーロ圏の実質GDP成長率は，マイナス成長だった前年の反動から5%台の高い伸びを記録した。

➡2022年7月，ECBは政策金利を11年ぶりに引き上げ，その後も数次にわたって引き上げた。

アジア経済

出題可能性 ★★

注目すべきは，ASEAN主要国とインド。選択肢入りに備え，念には念を！

◇ASEAN経済

2020年のASEAN主要国（インドネシア,タイ,マレーシア，フィリピン，シンガポール，ベトナム）の経済は，コロナの影響で大きく下押し。ベトナム以外はマイナス成長だった。

2021年は前年の反動で軒並みプラス成長❶。2021年の実質GDPの規模は，ベトナム，シンガポール，インドネシアでは2019年の水準を上回った。一方，タイ，マレーシア，フィリピンでは回復が遅れ，2019年の水準を下回った。

◇インド経済

2020年度はインド経済もやはりマイナス成長。この反動で**2021年度の実質GDP成長率は8.7%**にも達した。実質GDPの規模も2019年度を上回る水準に回復した。

インドの経済規模（名目GDP）は，2021年で世界第6位。インド与党は，2030年までに世界第3位となることを目指している。とはいえ，高成長を実現してきた中国に比べると，これまでのGDPの伸びは緩やかだった。

課題は産業の育成❷。モディ政権は2014年に産業振興策「Make in India」を打ち出し，GDPに占める製造業の比率を25%に引き上げようとしている。2020年には生産連動型優遇政策（PLI）を導入❸。輸送機器，電子機器，製薬，食品，繊維等の振興を図っている。

❶ASEAN主要国の実質GDP成長率

インドネシア	3.7%
タイ	1.5%
マレーシア	3.1%
フィリピン	5.7%
シンガポール	7.6%
ベトナム	2.6%

（2021年）

6

世界経済

❷GDPに占める農業の割合は18%程度。これに就業人口の40%以上が従事している。

❸基準年からの売上げの増加額に応じて一定の奨励金を企業に給付。

出る文

➡ ASEAN主要国の実質GDP成長率は，2020年にはベトナム以外マイナスだったが，2021年には軒並みプラスとなった。

➡ 2021年度のインドの実質GDP成長率は，マイナスだった前年度の反動から8%台後半に達した。

83

原油価格

コロナ禍で大きく変動した原油価格。大まかな動きを把握！

出題可能性 ★★

◇原油価格の動き

原油価格は2020年1〜4月にかけて急落❶。コロナに見舞われ，石油需要が減少したためだ。

だが，**2020年11月以降，原油価格は高騰**。世界的に経済回復が進み，石油の需要回復への期待が高まってきたためだ。ヨーロッパやアジアでは天然ガス・石炭価格も高騰❷。それらの代替燃料としての石油の需要が高まった。

原油価格高騰には供給面の制約も影響。2021年8月，大型のハリケーンがアメリカ南部に上陸し，メキシコ湾岸地域の石油施設が生産停止に追い込まれた。加えて，原油価格高騰のなかにあっても，OPEC諸国とロシアなどが構成する「OPECプラス」は減産措置の縮小には消極的だった❸。

◇原油価格の高騰

石油需給の逼迫状況を一層悪化させたのは，2022年2月に始まったロシアのウクライナ侵略。石油生産量世界第3位のロシアからの輸出が滞るとの懸念が生じ，**原油価格はさらに高騰**した。

WTI原油先物価格は，2022年3月に一時1バレル130ドル超にまで高騰。2008年7月以来の高値をつけた。その後，価格は下落したが，しばらく100ドルを超える高値で推移した。

❶ 2020年4月，WTI原油先物価格（世界の原油価格の指標の1つ）は，史上初のマイナス価格をつけた。

❷ 天然ガスは，2021年春以降，価格の高騰が続き，石炭も2021年初から価格の上昇傾向が続いている。

❸ OPEC＝石油輸出国機構。

6 世界経済

➡ 原油価格は，石油需要の減少により2020年1〜4月にかけて急落したが，需要が回復し，2020年11月以降高騰した。

➡ WTI原油先物価格は，ロシアによるウクライナの侵略後の2022年3月には一時1バレル130ドルを超える水準にまで高騰した。

食料価格

出題可能性 ★★

家計に直接響く食料価格の上昇。国際的な背景にも目を配りたい！

◆食料価格の動き

　FAO（国連食糧農業機関）が公表している実質食料価格指数は，2020年5月以降，上昇傾向。**食料は世界的に値上がりしている。**

　主因は，北米における高温乾燥や南米における干ばつといった天候不順。加えて，世界的な人口増加に伴う食料需要増も上昇要因だ。

　全体の価格を押し上げているのは穀物や植物油❶。穀物については，ロシアによるウクライナ侵略の影響が大きい。

　もともとロシアやウクライナは世界有数の穀物の生産・輸出国。ロシアの輸出額は小麦が世界第1位，大麦が世界第2位，そしてウクライナはトウモロコシの輸出額が世界第4位だ。侵略により国際的なサプライチェーンの一部が途絶。価格の高騰を招いている。

◆生産資材価格の上昇

　看過できないのが**食料生産に必要な資材の価格上昇**。農作物の生育に必要な肥料，家畜の飼育に必要な飼料，家畜小屋や園芸施設の温度管理に必要なエネルギー，ビニールハウスやトンネル等に用いられる被覆材など，食料の生産に欠かせないものばかりだ。

　こうした生産資材はいずれもコロナ禍で価格が高騰。食料価格の上昇をもたらしている。

❶植物油については，パーム油の世界最大の生産・輸出国であるインドネシアからの供給量の減少が価格上昇につながった。

WTO（世界貿易機関）

　2022年6月の第12回WTO閣僚会議は，6年半ぶりに「閣僚宣言」を採択。食料安全保障宣言（WTOルールに従わない輸出規制を行わない等）などを盛り込んだ。

- ➡ FAOが公表している実質食料価格指数は，2020年5月以降，上昇傾向にあり，食料は世界的に値上がりしている。
- ➡ 食料価格上昇の要因としては，天候不順，世界的な需要増，サプライチェーンの一部途絶，生産資材の価格上昇などが挙げられる。

世界経済の出る文穴埋めチェック

❶アメリカの実質GDP成長率は2020年にマイナスだったが，2021年には（　　）％台後半に上昇し，1984年以来の高成長となった。　　　　　→p.79

❷アメリカの（　　）は，2020年4月に15％近くにまで急上昇したが，その後は下落し，2022年4月には3％台に改善した。　　　　　　　　　　　→p.79

❸FRBは，（　　）を抑えるため，2022年3月以降，数次にわたって政策金利を大幅に引き上げた。　　　　　　　　　　　　　　　　　　　　　　→p.79

❹2021年の中国の実質GDP成長率は（　　）％台となり，コロナ前の2019年を上回り，中国政府が目標としていた「6％以上」を達成した。　　　→p.81

❺中国の四半期別の実質GDP成長率（前年同期比）は，2021年1−3月期には高成長だったが，4−6月期以降は3四半期連続で（　　）した。　　　→p.81

❻2021年のユーロ圏の実質GDP成長率は，マイナス成長だった前年の反動から（　　）％台の高い伸びを記録した。　　　　　　　　　　　　　　→p.82

❼ASEAN主要国の実質GDP成長率は，2020年には（　　）以外マイナスだったが，2021年には軒並みプラスとなった。　　　　　　　　　　　　→p.83

❽2021年度のインドの実質GDP成長率は，マイナスだった前年度の反動から（　　）％台後半に達した。　　　　　　　　　　　　　　　　　　→p.83

❾（　　）価格は，石油需要の減少により2020年1〜4月にかけて急落したが，需要が回復し，2020年11月以降高騰した。　　　　　　　　　　　→p.84

❿FAOが公表している実質（　　）価格指数は，2020年5月以降，上昇傾向にあり，（　　）は世界的に値上がりしている。　　　　　　　　　　→p.85

6 世界経済

解　答

❶5：前年の反動に加え，底堅い消費需要に支えられた成長だった。

❷失業率：コロナ禍前の水準に戻った。

❸インフレ：2022年6月以降，量的引き締めも実施している。

❹8：主な国のなかで唯一2020年もプラス成長だった。

❺減速：「成長率が低下」も可。

❻5：四半期別では，2021年1−3月期に2四半期連続で前期比マイナス成長となった後，3四半期連続でプラス成長となった。

❼ベトナム：ASEAN主要国のうち，2021年の実質GDPが2019年の水準を上回ったのは，ベトナム，シンガポール，インドネシア。

❽8：2021年度の実質GDPは2019年度を上回る水準となった。

❾原油：2022年3月，WTI原油先物価格は一時1バレル130ドルを超えた。

❿食料：ロシアによるウクライナ侵略が価格上昇に拍車をかけた。

86

こども政策

出題可能性 ★★★

いよいよ「こども家庭庁」が発足。公務員試験でも「こどもまんなか」！

◆こども基本法

2022年4月，こども基本法が成立（2023年4月施行）。「子どもの権利条約」（1994年批准）に対応する法律で，こども政策の基本理念などを定めている。

基本法上の「こども」とは「心身の発達の過程にある者」。年齢で定義しているわけではない。

基本理念は6つ。 すべてのこどもについて，①個人として尊重され，基本的人権が保証され，差別的な扱いを受けない，②適切に養育され，生活保障され，愛され保護され，教育を受ける機会が等しく与えられる，③意見表明や社会参画の機会が確保される，④意見が尊重され，最善の利益が優先して考慮される。加えて，⑤こどもの養育は家庭を基本とする❶，⑥子育てに夢を持ち，喜びを実感できる社会環境を整備する。

基本法は，こうした理念に沿った関連施策の策定・実施を**国・自治体の責務**と定めた。

◆こども家庭庁

こども政策の司令塔となるのが**2023年4月に設置される「こども家庭庁」**。内閣府の外局で，他省庁に対する勧告権を持つ❷。

同庁が担当するのは，こども関連の施策全般。子育て支援，こどもや家庭の福祉増進・保健の向上，こどもの権利利益の擁護，児童虐待の防止，こどもの貧困対策，こどもの性犯罪対策など，幅広くカバーする。

❶父母などの保護者が一義的責任を有する。家庭での養育が難しいこどもには，できる限り家庭と同様の養育環境を確保する。

❷内閣府や厚労省等のこども関連部局を統合。ただし，幼稚園・義務教育等の教育分野は文科省所管のまま。

✐ ヤングケアラー

家族にケアを要する人がいて，大人が担うような家事や家族の世話を日常的に行っている子ども。支援が必要なのに表面化しにくい。政府は，早期発見・実態把握，支援策の推進，社会での認知度向上などに取り組むとしている。

出る文

➡ 2022年のこども基本法は，こどもの権利等について基本理念を定め，理念に沿った施策の策定・実施を国・地方の責務と定めた。

➡ 2023年4月，内閣府の外局として，こども政策の司令塔となる「こども家庭庁」が設置される。

児童福祉法

出題可能性 ★★

2022年に改正法が成立。こども政策関連だけに注意が必要！

◇児童福祉法の改正

2022年6月，改正児童福祉法等が成立（一部を除き2024年4月施行）。子育て世帯に包括的な支援を行うための体制を強化した。

改正法は，**市区町村に対し，「こども家庭センター」の設置を努力義務化**。すべての妊産婦・子育て世帯・こどもに対し，包括的な相談支援などを行う。

◇一時保護

改正法は，虐待を受けた児童などの**一時保護について，裁判所が必要性を判断する司法審査を導入**。親権者が同意しない場合などに，児童相談所（児相）が裁判所に一時保護状を請求する手続きを設ける❶。

一時保護や施設入所の際には，児童からの意見聴取等を児相に義務づけ。児童の最善の利益を考慮しつつ，本人の意見や意向を踏まえた措置を行う。

また，児相で働く児童福祉司の任用要件に，児童虐待を受けた児童の保護など，専門的対応が必要な事柄についての十分な知識や技術を追加。子ども家庭福祉の実務経験者向けの認定資格も導入する予定だ❷。

児童自立生活援助事業については，対象者の年齢上限を撤廃。義務教育終了後，児童養護施設等を退所して働く児童等が共同生活する住居（自立援助ホーム）で相談支援などを年齢に関係なく行う。加えて，施設退所者等を通所や訪問で支援する拠点も設置する。

✏児童虐待

児童相談所での児童虐待相談対応件数は増加の一途。2021年度には過去最多の20万7659件（速報値）に達した。

❶事前または保護開始から7日以内に請求。

❷そのほか，児童をわいせつ行為から守る環境を整備（児童にわいせつ行為を行った保育士の資格管理を厳格化し，ベビーシッターに対する事業停止命令等の情報を公表・共有する）。

7 厚生

出る文

➡ 2022年の改正児童福祉法等は，子育て世帯等を包括的に支援する「こども家庭センター」の設置を市区町村の努力義務とした。

➡ 改正児童福祉法等は，虐待を受けた子どもなどの一時保護について，裁判所が必要性を判断する司法審査を導入した。

少子高齢化

出題可能性 ★ ★ ★

深刻さを増す少子高齢化。合計特殊出生率や高齢化率は公務員試験の必修データ！

日本の人口変化の特徴は「少子高齢化」。少子化と高齢化の同時進行が，日本の社会システムを根本から揺さぶっている。

高齢者の生活を支えるための社会的コストは今後も増える。なのに，少子化で現役世代（＝コスト負担者）は減っていく。これでは，各種の社会制度が破綻の危機にさらされるのは当然の成り行き。かなり心配な状況だ。

ちなみに，2021年の日本の高齢化率（28.9%）は世界最高。おまけに，15歳未満の年少人口比率（11.8%）は世界最低である❶。今や日本は，**世界で最も少子高齢化が進んだ国**なのだ。

❶以下の数値は，基本的に令和4年版の『少子化社会対策白書』『高齢社会白書』による。

◇少子化

少子化の尺度は**合計特殊出生率**。1人の女性が生涯に何人の子どもを生むかの平均値だ。

日本の合計特殊出生率は，1975年に2.0を下回ってからは低下傾向。2005年には1.26と過去最低を記録した。その後，2015年に1.45まで上昇したが，**2021年には1.30と6年連続で低下した**（2020年1.33）❷。

日本の合計特殊出生率は，アメリカやフランスなどに比べ低水準。ただし，アジアでは合計特殊出生率が日本より低い国・地域も多い❸。日本政府は，若い世代の結婚・出産の希望がかなえられる「希望出生率」を1.8とし，その実現を目指している。

日本の少子化の大きな要因は，**晩婚化や未婚化といった結婚をめぐるライフスタイルの変化**。2020年の平均初婚年齢は，夫31.0歳，妻29.4歳で，1985年と比べると夫は2.8歳，妻は3.9歳も遅くなっている。

50歳時の未婚率（いわゆる生涯未婚率）も上昇中。2020年の未婚率は男性28.3%，女性17.8%だが，2040年には男性で29.5%，女性でも18.7%に達する見込みだという。

晩婚化によって**晩産化も進行**。第1子を出産したとき

❷2021年の出生数は，前年より2万9213人減少して81万1622人となり，過去最少を更新。

❸合計特殊出生率

フランス	1.82
スウェーデン	1.66
アメリカ	1.64
イギリス	1.58
ドイツ	1.53
イタリア	1.24
シンガポール	1.10
台湾	0.99
香港	0.88
韓国	0.84

（2020年）

7 厚生

の母親の平均年齢は2020年で30.7歳と30歳を超えており，1985年と比べると4.0歳も遅くなっている。

ちなみに，第1子の出産後も仕事を続けた女性の割合は大きく上昇。2010〜2014年に第1子を出産した女性では53.1％に達した。

一方，週60時間以上の長時間労働をしている人の割合は，女性やほかの年代に比べ，子育て期にある30歳代男性（9.9％）や40歳代男性（10.4％）で高水準（2021年）。こうした場合，育児や家事の負担が母親に偏ってしまう。働き方を見直して，仕事と生活を調和させる「ワーク・ライフ・バランス」を実現することが重要だ。

◇ 高齢化

2021年10月1日現在の65歳以上の高齢者人口は過去最多の3621万人（2020年3619万人）。**2021年の高齢化率（全人口に占める65歳以上人口の割合）は過去最高の28.9％**となった（2020年28.8％）。

高齢者人口のうち，75歳以上は1867万人（全人口の14.9％）。65〜74歳（1754万人）を上回っている。

日本で高齢化率が7％から14％になるまでにかかった年数は，たったの24年。日本の高齢化は，ほかの先進国に例を見ないほど，急速に進んできた❹。

当然，今後も高齢化率は上昇。推計によると，日本の人口は2053年には9924万人と1億人を割り込み，2065年には8808万人になる❺。そして，4割弱が高齢者という極端な高齢社会が到来する❻。

❹アジア諸国では，一部の国で日本を上回るスピードで高齢化が進む見込み（シンガポール17年，韓国18年など）。

❺この推計は2017年の「日本の将来推計人口」（国立社会保障・人口問題研究所）による。

❻高齢化率は2036年に33.3％に達し，2065年には38.4％に達すると推計されている。

7 厚生

出る文

➡ 日本は，高齢化率が世界で最も高く，15歳未満の年少人口比率が世界で最も低い。

➡ 2021年の日本の合計特殊出生率は1.30であり，アメリカやフランスなどに比べると低い水準にある。

➡ 晩婚化によって晩産化も進行しており，第1子を出産したときの母親の平均年齢は30歳を超えている。

➡ 日本の高齢化は他の先進国に例を見ないほどの速さで進み，2021年の高齢化率は28.9％に達した。

少子化対策

出題可能性 ★ ★ ★

「希望出生率1.8」の実現に向けた重要施策。日本の未来のための出題は当然！

◆少子化社会対策大綱

2020年，政府は新たな「少子化社会対策大綱」を策定。2025年までの少子化対策の基本方針を示した。

大綱の基本目標は「希望出生率1.8」の実現[1]。そのため，ライフステージに応じた少子化対策に大胆に取り組むとした。主な施策は以下のとおり[2]。

①結婚支援では，地方自治体による取組みを支援。AIを適切に活用したり，結婚に伴う新生活にかかわる経済的負担を軽減したりする[3]。

②妊娠・出産への支援では，不妊治療の費用を助成[4]。産後ケア事業の全国展開を図る。

③男女ともに仕事と子育てを両立できる環境の整備では，男性の育休休暇取得率を30%とする目標に向けた取組みを推進。保育の受け皿整備も加速する。

④地域・社会による子育て支援では，安全かつ安心して子どもを育てられる環境を整備。すべての子育て家庭が，必要とする支援にアクセスできるようにする。

⑤経済的支援では，幼児教育・保育の無償化を着実に実施。効果的な児童手当の支給の在り方や，多子世帯にさらに配慮した高等教育の修学支援制度の充実を検討する。

◆待機児童問題

共働き家庭の増加などで，保育所等を利用したいという需要に保育所等の定員増加が追いつかないのが「待機児童」の問題。こうした待機児童の解消は，政府が目指す「希望出生率1.8」の実現にも不可欠な課題だ。

2020年，政府は待機児童対策として「新子育て安心プラン」を策定。2021～2024年度までの4年間で約14万人分の保育の受け皿を整備するとした。

プランの柱は，①地域の特性に応じた支援，②魅力向上を通じた保育士の確保，③地域のあらゆる子育て資源の活用の3つ。これらにより，女性の就業率の上昇に対

[1] 希望出生率とは，若い世代の結婚や出産の希望がかなえられた場合の出生率。

[2] 具体的施策については数値目標も設定。

[3] 新婚世帯への支援として一部の市区町村が実施している「結婚新生活支援事業」を拡充。2021年度から補助上限額を30万円から60万円に倍増し，年齢・所得制限を緩和した。

[4] 2022年4月から，人工授精等の「一般不妊治療」や，体外受精や顕微授精等の「生殖補助医療」について，公的医療保険が適用されるようになった。

応し，できるだけ早期に待機児童を解消することを目指す❺。

2021年には，**子ども・子育て支援法及び児童手当法が改正**。「新子育て安心プラン」の財源確保のため児童手当の対象から高所得者を除外すること（2022年10月支給分から適用）や，子育て支援に積極的に取り組む事業主に対する助成制度を創設すること（2021年10月施行）などが定められた。

なお，**2022年4月時点の待機児童数は2944人**（前年より2690人減少）。5年連続で減少し，過去最少を更新した。

◆ **新・放課後子ども総合プラン**

子どもの小学校入学時に直面するのが「小1の壁」。放課後に子どもを預けるところを見つけられず，母親などが仕事を辞めざるをえなくなることをいう。

この壁を打破するため，2018年，文部科学省と厚生労働省は共同で「**新・放課後子ども総合プラン**」を策定。目指すのは，「放課後児童クラブ」（厚労省所管）を2021年度末までに約25万人分整備し，その後2023年度末までに約30万人分にまで増やすことだ（受け皿の合計は約152万人分）❻。

そのために，「放課後児童クラブ」をすべての小学校区（約2万か所）で「放課後子供教室」（文科省所管）と一体的に，または連携して実施❼。1万か所以上を一体型で実施することを目指している。

❺女性の就業率についての政府目標は，2025年に25～44歳の女性の就業率を82%とすること。

❻放課後児童クラブとは，いわゆる学童保育のこと。保護者が仕事などで昼間家庭にいない小学生を対象に，遊びや生活の場を提供する活動。

❼放課後子供教室は，放課後「すべての児童」を対象に，学習や体験・交流活動などを行う。

7 厚生

出る文

➡ 2020年，政府は，希望出生率1.8の実現を基本目標とする新たな「少子化社会対策大綱」を策定した。

➡ 政府は「新子育て安心プラン」により，2021～2024年度までの4年間で約14万人分の保育の受け皿を整備するとしている。

➡ 2022年4月時点の保育所待機児童数は約2900人で，5年連続で減少し，過去最少となった。

➡ 政府は「新・放課後子ども総合プラン」を策定し，2023年度末までに約30万人分の放課後児童クラブを新たに整備するとした。

医療

出題可能性 ★ ★ ★

2021年と2022年には医療関係の法改正が目白押し。ここで一気に整理！

◆健康保険法等の改正

　政府が目指すのは「**全世代対応型の社会保障制度**」の**構築**。従来の社会保障制度では，現役世代よりも高齢者への給付が多いのに，負担するのは現役世代が中心だった。こうしたいびつな構造を見直し，すべての世代で広く安心を支えていく社会保障制度へと転換することが求められてきた。

　これを踏まえ，2021年，**改正健康保険法等が成立❶**。主眼は**75歳以上の医療費の窓口負担割合を見直す**ことだ。現役並み所得者（3割負担）ではないが**一定所得以上の人は，窓口負担割合が1割から2割に引き上げられた**（2022年10月施行）。ただし，施行から3年間は緩和措置が設けられている❷。

◆医療法の改正

　2021年，**改正医療法等が成立**。良質で適切な医療を効率的に提供する体制の確保がねらいだ。

　改正法は，**医師の働き方改革を進めるための規定を整備**（2024年4月に向け段階的に施行）❸。具体的には，①長時間労働をする医師がいる医療機関での医師労働時間短縮計画の作成，②やむを得ず高い上限時間を適用する医療機関を都道府県知事が指定する制度の創設，③該当する医療機関での健康確保措置（面接指導，連続勤務時間制限，勤務間インターバル規制等）の実施を定めている。

　医療関係職種（放射線技師，臨床検査技師，救急救命士等）については業務範囲を見直し（2021年10月施行）。タスクシフトやタスクシェアを進めて医師の負担軽減を図るべく，医療関係職種の業務範囲を拡大するとした❹。

　改正法は，**「地域医療構想」の実現に向けた医療機関の取組みも支援**❺。病床機能の再編・統合を進める際の雇用や債務の問題解決を支援する「**病床機能再編支援事**

❶改正法は，育児休業中の社会保険料の免除要件等も見直した。

❷外来診療での負担増を月3000円以内に抑える。

❸2024年4月，医師にも時間外労働の上限規制が適用。

❹タスクシフト＝医師の業務の一部をほかの職種に移管すること。
　タスクシェア＝医師の業務を複数の職種が共同で行うこと。

❺地域医療構想とは，団塊の世代（1947〜1949年生まれ）が75歳以上となる2025年における地域の医療需要と病床の必要量を推計し，病床機能の分化・連携等を進める構想。

7
厚生

業」を全額国庫負担とする。また，再編・統合を行う医療機関への税制優遇措置を講じる。

このほか，医療機関が外来医療の状況を都道府県に報告する「外来機能報告制度」を創設。紹介された患者を受け入れる医療機関を明らかにするためだ。

◆医薬品医療機器等法の改正

2022年5月，改正医薬品医療機器等法（薬機法）が成立（同月施行）。**緊急時に医薬品等を迅速に承認する制度を整備した。**感染症の流行時に国産薬などをより早く使えるようにするためだ。

この「緊急承認制度」の対象は，感染症などによる健康被害の拡大防止上，緊急に使用する必要がある医薬品や医療機器。ただし，代替手段がない場合に限られる。

緊急承認では，臨床試験（治験）の途中段階でも，安全性を「確認」することを前提に，医薬品等の有効性が「推定」された段階での承認が可能。ただし，承認は短期間の期限つき（原則として最大2年間）とし，期限内に改めて有効性の確認を求める。有効性が確認できなければ，承認は取り消される。

また，改正法は**電子処方箋の仕組みを創設**（2023年1月から運用開始）。紙の処方箋を電子化できるようになる。これにより，複数の医療機関や薬局が薬の情報を共有可能。成分が重複する薬や問題のある薬の飲み合わせを防げる。自分の薬情報をマイナポータルで確認できるようにもなる。

寿命

2021年の日本人の平均寿命は男性81.47歳，女性87.57歳。コロナの影響で，男性は0.09歳，女性は0.14歳短くなった。

一方，健康寿命（健康上の問題で日常生活が制限されずに生活できる期間）は，男性72.68歳，女性75.38歳だった（2019年）。

死因

2021年の日本人の死因の上位5つは，順に，がん，心疾患，老衰，脳血管疾患，肺炎。がんは1981年以降，死因の第1位。

出る文

➡2021年の改正健康保険法等は，一定所得以上の75歳以上の者について，医療費の窓口負担割合を2割に引き上げた。

➡2021年の改正医療法等は，2024年4月に向け，医師の働き方改革を進めるための規定を整備した。

➡2021年の改正医療法等は，「地域医療構想」の実現に向け，「病床機能再編支援事業」を全額国庫負担とすることなどを定めた。

➡2022年の改正薬機法は，緊急時に医薬品等を迅速に承認する制度や電子処方箋の仕組みを整備した。

年金制度

出題可能性 ★★★

2022年度から施行段階に入った年金制度改正法。制度改正で出題まっしぐら！

今や国民の約3割が公的年金受給権者。公的年金は高齢者世帯の収入の約6割を占め，高齢者世帯の約5割が公的年金による収入だけで生活している。

2020年，**年金制度改正法**が成立（一部を除き2022年4月施行）。長期化する高齢期の経済基盤を充実させるための改正だ。

◇被用者保険の適用拡大

改正法は**短時間労働者を被用者保険（厚生年金・健康保険）の適用対象とすべき企業の範囲を拡大**。従業員数が500人超の企業に限られていた「企業規模要件」を段階的に引き下げる❶。具体的には，2022年10月に100人超の企業へ，2024年10月に50人超の企業へと拡大。被用者保険に加入できる短時間労働者を増やす。

また，5人以上の個人事業所について被用者保険が強制適用となる業種を見直し。弁護士や税理士など法律・会計事務を取り扱う「士業」を追加した。

◇高年齢者の年金受給の見直し

60歳以上の老齢厚生年金受給者が働いている場合，賃金と年金の合計額が一定以上になると，全部または一部の年金支給は停止。こうした仕組みを「在職老齢年金制度」と呼ぶ。賃金が高いと，年金が減らされたり，もらえなかったりして，高年齢者の就業意欲を損ねていると指摘されていた。

今回の改正法は**在職老齢年金制度を見直し**。60～64歳の対象者について，年金支給が停止される基準額を引き上げ，支給停止とならない範囲を広げるとした❷。

また，新たに「**在職定時改定制度**」を導入。65歳以上の在職中の老齢厚生年金受給者について，年金額を毎年10月に改定する。改正前は，65歳以上で働いて年金保険料を納めても，年金額が改定されるのは退職するとき，あるいは70歳になったとき。改正により，それま

GPIF

年金積立金管理運用独立行政法人。年金積立金を管理・運用する公的機関で，2006年に設立。当初は国内債券を中心に運用していたが，2014年以降，国内株式や外国株式の比率を上げた運用に転じた。2020年4月以降の基本ポートフォリオ（資産構成割合）は，国内債券，外国債券，国内株式，外国株式がそれぞれ25%ずつ。

❶賃金要件（月額8.8万円以上），労働時間要件（週労働時間20時間以上）等については変更なし。勤務期間要件については，1年以上としていたものをフルタイム労働者と同じ2か月超とする。

❷具体的には，支給停止が始まる賃金と年金の合計額の基準を月額28万円から47万円（2020年度額）に引き上げる。なお，65歳以上の人については，すでに月額47万円となっているので変更なし。

でに納めた保険料が早めに年金額に反映されるようになるわけだ。

さらに改正法は，**公的年金の受給開始時期の選択範囲を拡大**。公的年金の受給年齢は原則65歳だが，希望すれば早めにしたり遅めにしたりできる。受給開始時期について，改正前は「60歳から70歳の間」から選べたが，改正後は**「60歳から75歳の間」から選べるように**なった。

◇確定拠出年金の見直し

「確定拠出年金（DC）」とは，公的年金に上乗せして給付を受ける私的年金の1つ。決められた掛け金を拠出して加入者本人が運用し，その運用結果に応じて年金を受け取る仕組みになっている。企業と加入者が掛け金を出す「企業型確定拠出年金（企業型DC）」と，加入者が掛け金を出す「個人型確定拠出年金（個人型DC，通称iDeCo＝イデコ）」とがある。

今回の改正法は，こうした**確定拠出年金の加入要件を見直し**。企業型DC加入者も原則としてiDeCoに加入できるようにする。

改正により，加入可能年齢も引き上げ❸。受給開始時期の選択範囲も拡大された❹。さらに，中小企業向け制度である「簡易型DC」と「iDeCo＋＝イデコプラス」の対象範囲を拡大。従業員が100人以下の企業から300人以下の企業にまで広げられた❺。

❸企業型DCについては「65歳未満」から「70歳未満」に，iDeCoについては「60歳未満」から「65歳未満」にそれぞれ引き上げる。

❹DCの受給開始時期を「60〜70歳までの間」から「60〜75歳までの間」に拡大する。

❺簡易型DCは，中小企業向けに設立手続きを緩和したDC。

iDeCo＋ は，iDeCoに加入している従業員に対し，企業が追加で掛け金を拠出できる制度。

出る文

➡ 2020年の年金制度改正法は，短時間労働者に被用者保険を適用すべき企業の範囲を段階的に拡大すると定めた。

➡ 60〜64歳の「在職老齢年金制度」について，改正法は年金支給を停止する基準額を引き上げ，支給停止とならない範囲を広げた。

➡ 年金制度改正法は，公的年金の受給開始時期の選択範囲を「60〜70歳の間」から「60〜75歳の間」に拡大した。

➡ 年金制度改正法は，確定拠出年金について，加入可能年齢を引き上げ，また受給開始時期の選択範囲を拡大した。

感染症法

出題可能性 ★ ★ ★

2022年12月，感染症法が改正。次の感染症に備えた体制を整備！

◆保健・医療提供体制の整備

2022年12月，改正感染症法等が成立❶。コロナへの対応を踏まえ，今後の感染症の発生・まん延時に備えた保健・医療提供体制を整備する❷。

同法に基づき，都道府県は感染症の予防計画を策定。医療機関との間で，病床，発熱外来，自宅療養者への医療の確保などについての協定を締結する。

感染症発生・まん延時，**公立・公的医療機関，特定機能病院（大学病院等），地域医療支援病院には医療提供を義務化**。協定に沿った対応をしない医療機関に対し，都道府県は勧告・指示し，機関名を公表できる❸。

国による医療人材の広域派遣の仕組みも整備。医療が逼迫した都道府県の知事は他の自治体に応援要請できるようにする。緊急時には，要請がなくても，国が公立・公的医療機関等に医師・看護師の派遣を要請できる。

◆ワクチン接種の体制整備等

ワクチン接種体制も整備。感染症発生・まん延時には，厚生労働大臣や都道府県知事の要請で医師・看護師以外の者が検体採取やワクチン接種を行う枠組みを整備する❹。マイナンバーカードで接種対象者を確認する仕組みも導入する。

医薬品，医療機器，防護服等必要な物資を確保するための枠組みも整備。緊急時には国から事業者へ生産要請や指示ができるようにし，必要な支援も行う。

❶一部を除き，2024年4月施行。

❷このほか，検疫所長は入国者に居宅等での待機を指示し，待機状況について報告を求められる（罰則つき）。

❸従わない場合，特定機能病院や地域医療支援病院の承認を取り消すこともありえる。

❹歯科医師，救急救命士等。

出る文

➡ 2022年の改正感染症法は，感染症発生・まん延時，公立・公的医療機関，特定機能病院，地域医療支援病院に医療提供を義務づけた。

➡ 改正感染症法は，感染症発生・まん延時，厚労大臣・都道府県知事の要請で医師・看護師以外の者がワクチン接種を行えるとした。

介護保険制度

出題可能性 ★★

利用者も総費用も増えている介護保険制度。「介護離職ゼロ」に向けた施策にもご用心！

◆介護保険制度の現状

2000年の制度開始以来，介護保険制度の利用者は着実に増加。**2021年4月の介護サービス利用者数は507万人**となり，2000年4月の149万人の3.4倍に達した**❶**。

サービス利用の伸びに伴い，介護保険の総費用も急速に増大。2000年度に3.6兆円だった介護費用は，2020年度には11.1兆円に達した。これにより介護保険料もアップ。制度創設時に全国平均で月額3000円程度だった保険料は，2021年度には6014円にまで上がった。介護保険制度にとっては，持続可能性の確保が大きな課題となっている**❷**。

◆介護離職ゼロと介護人材の確保

政府は「**介護離職ゼロ**」に向けた取組みを強化。家族の介護・看護のために仕事を辞めざるをえない労働者をなくすことを目指している。その達成に欠かせないのは介護の受け皿の確保。政府は**2020年代初頭までに介護の受け皿を50万人分以上整備する**としている。

介護現場は人材不足が深刻な状況。**介護人材の確保**も重要な課題だ。そのため，介護の国家資格である「介護福祉士」について，政府は，2017年4月からの5年間，介護福祉士養成施設の卒業者は国家試験に合格しなくても介護福祉士資格を得られる経過措置をとってきた。2020年の改正社会福祉士・介護福祉士法は，この経過措置をさらに5年間延長すると定めた。

❶以下の統計数値は，『令和4年版厚生労働白書』による。

❷2020年の改正介護保険法は，介護保険事業（支援）計画について，各市町村の人口構造の変化の見通しを勘案することや，高齢者向け住居の設置状況や介護人材確保・業務効率化の取組みを記載事項に追加することを定めた。

7

厚生

🖊 認知症対策

2019年，政府は認知症施策推進大綱を決定。認知症の発症を遅らせ，認知症になっても希望を持って日常生活を過ごせる社会を目指すとした。

出る文

➡ 介護保険サービスの利用者は着実に増加し，2021年4月には，制度開始時の3倍以上に増えて507万人となった。

➡ 政府は，「介護離職ゼロ」を実現するため，2020年代初頭までに50万人分以上の介護の受け皿を整備するとしている。

自殺対策

2万人を超える人が自殺。「誰も自殺に追い込まれることのない社会の実現」を望みたい！

出題可能性 ★★

◇自殺の現状

日本の自殺者数は2010年以降，10年連続で減少。2019年には統計開始以来の最少を記録した（2万169人）❶。だが，2020年には前年より912人も増加（2万1081人）。コロナの影響が指摘されている。

2021年の日本の自殺者数は2万1007人。前年より74人（0.4%）減少した。男女別では，男性の自殺者数が12年連続で減少した一方，女性は2年連続で増加。人数は男性が1万3939人，女性が7068人で，**男性が女性の2倍**いる。

2021年の自殺の原因・動機で**一番多かったのは「健康問題」**。次いで「経済・生活問題」「家庭問題」「勤務問題」の順となっている。

気になるのは，近年増加傾向にある**未成年の自殺者数**。小中高生の自殺者数は2020年には過去最多の499人，2021年には過去2番目に多い473人となった。

◇自殺対策の推進

政府の自殺対策の指針は**「自殺総合対策大綱」**。自殺対策基本法に基づいて制定される。

基本理念は「生きることの包括的支援」。数値目標として**2026年までに自殺死亡率（人口10万人当たりの自殺者数）を2015年比で30%以上減少**させることを掲げている❷。

❶以下の数値は，2022年3月の「令和3年中における自殺の状況」（厚生労働省・警察庁）による。

❷2021年の自殺死亡率は16.8。政府目標はこれを13.0以下とすること（基準年の2015年は18.5）。

孤独・孤立対策

2021年12月，政府は「孤独・孤立対策の重点計画」を決定。孤独・孤立は社会全体で対応しなければならない問題であるとした。具体策として，24時間対応の相談体制の整備，居場所づくり，NPO等の活動への支援などを打ち出した。

➡ 2021年の自殺者数は前年比で微減して約2万1000人となり，男女別では男性の自殺者数が女性の2倍となっている。

➡ 自殺総合対策大綱は，2026年までに自殺死亡率を2015年と比べて30%以上減少させることを目指している。

障害者制度

出題可能性 ★ ★

2021年，2022年と相次いで法律が成立。障害者への支援策は出題も支援！

◇障害者差別解消法の改正

2021年，**改正障害者差別解消法が成立❶**。障害者に対する社会的障壁を除去するための「**合理的配慮**」の提供を民間事業者にも義務化した❷。

「合理的配慮」の提供とは，負担が重くなりすぎない範囲で，障害者にとっての社会的障壁を取り除くこと。たとえば，段差がある場合にスロープで補助したり，意思を伝え合うために絵・写真・タブレット端末などを使ったりすることだ。

◇障害者による情報の取得利用・意思疎通

2022年5月，**障害者情報アクセシビリティ・コミュニケーション施策推進法が成立**（公布日施行）。障害者が必要とする情報を十分取得して利用し，円滑に意思疎通できるようにするための基本となる法律だ。

基本理念は4つ。①障害の種類・程度に応じた手段を選択できるようにする，②日常生活・社会生活を営んでいる地域にかかわらず等しく情報取得等ができるようにする，③障害者でない者と同一内容の情報を同一時点で取得できるようにする，④高度情報通信ネットワークの利用・情報通信技術の活用を通じて，全障害者が情報を十分に取得・利用し，円滑に意思疎通できるようにする。

同法は，**基本理念にのっとった施策の策定や実施を国・自治体の責務と規定**。情報のバリアフリー化が進むことを期待したい。

❶2021年6月から3年以内に施行。

❷改正前は努力義務。

✎ **障害者総合支援法等**

2022年の改正法は，①グループホームの支援内容に一人暮らしの希望者への支援や退去後の相談等を追加，②障害者の多様な就労ニーズに対応する「就労選択支援制度」を創設，③精神障害者の希望やニーズに応じた支援体制を整備，④難病患者等の医療費助成の開始時期を重症化したと診断されたときに前倒し（一部を除き2024年4月施行）。

7

厚生

出る文

➡ 2021年の改正障害者差別解消法は，障害者に対する社会的障壁を除去するための「合理的配慮」を民間事業者にも義務づけた。

➡ 2022年，障害者が情報を十分に取得・利用し，円滑に意思疎通できるようにするための基本となる法律が成立した。

101

厚生の出る文穴埋めチェック

❶2023年4月，（　　）の外局として，こども政策の司令塔となる「こども家庭庁」が設置される。　　　　　　　　　　　　　　　　　　　　　　　　→p.88

❷改正児童福祉法等は，虐待を受けた子どもなどの一時保護について，裁判所が必要性を判断する（　　）を導入した。　　　　　　　　　　　　　　　　→p.89

❸2021年の日本の（　　）は1.30であり，アメリカやフランスなどに比べると低い水準にある。　　　　　　　　　　　　　　　　　　　　　　　　　　→p.91

❹2020年，政府は，希望出生率（　　）の実現を基本目標とする新たな「少子化社会対策大綱」を策定した。　　　　　　　　　　　　　　　　　　　　　→p.93

❺政府は「（　　）プラン」により，2021～2024年度までの4年間で約14万人分の保育の受け皿を整備するとしている。　　　　　　　　　　　　　　　　→p.93

❻2021年の改正健康保険法等は，一定所得以上の75歳以上の者について，医療費の窓口負担割合を（　　）割に引き上げた。　　　　　　　　　　　　　→p.95

❼2022年の改正薬機法は，緊急時に医薬品等を迅速に承認する制度や（　　）処方箋の仕組みを整備した。　　　　　　　　　　　　　　　　　　　　　→p.95

❽年金制度改正法は，公的年金の受給開始時期の選択範囲を「60～70歳の間」から「60～（　　）歳の間」に拡大した。　　　　　　　　　　　　　　　→p.97

❾政府は，「（　　）ゼロ」を実現するため，2020年代初頭までに50万人分以上の介護の受け皿を整備するとしている。　　　　　　　　　　　　　　　　→p.99

❿2021年の改正障害者差別解消法は，障害者に対する社会的障壁を除去するための「（　　）」を民間事業者にも義務づけた。　　　　　　　　　　　　→p.101

解　答

❶**内閣府**：他省庁に対する勧告権を持つ。

❷**司法審査**：親権者が同意しない場合等に児童相談所が裁判所に一時保護状を請求する手続きを設ける。

❸**合計特殊出生率**：6年連続で低下。なお，過去最低は2005年の1.26。

❹**1.8**：ライフステージに応じた少子化対策に大胆に取り組む。

❺**新子育て安心**：女性就業率の上昇に対応。

❻**2**：「全世代対応型の社会保障制度」を構築するための改正。

❼**電子**：紙の処方箋が電子化される。

❽**75**：公的年金の受給年齢は原則として65歳。

❾**介護離職**：家族の介護・看護で仕事を辞めざるをえない労働者をなくす。

❿**合理的配慮**：改正前は国と自治体のみに義務化。

第8章 労働

柔軟な働き方

出題可能性 ★★

コロナ禍で導入が進んだテレワーク。政府が後押しする「副業・兼業」にも注目！

◇テレワーク

テレワークとは，ICT（情報通信技術）を利用し，時間や場所を有効に活用できる柔軟な働き方。子育て・介護と仕事との両立もでき，ワーク・ライフ・バランスにも役立つ働き方だ。コロナ禍でテレワークを利用する企業も増加。政府も普及促進に努めている❶。

厚労省は2021年，**企業の雇用者のための「雇用型テレワーク」のガイドラインを改定**❷。適切な労務管理の下で良質なテレワークを導入・実施していけるよう，労使双方の留意点や望ましい取組み等を明示した。

請負等により自宅などで働く「**自営型テレワーク**」のガイドラインは2018年に改定。仕事の注文者や仲介事業者（クラウドソーシング等）が守るべきルールを示した❸。

◇副業・兼業

副業・兼業を希望する人は増加傾向。新技術の開発，オープンイノベーションや起業の手段，第2の人生の準備などに有効だと，政府も評価している。

厚労省は「モデル就業規則」で**副業・兼業を原則として容認**。労務提供上支障がある場合や企業秘密が漏洩する場合等でなければ，副業・兼業を認めている。

2022年7月，厚労省は「**副業・兼業の促進に関するガイドライン」を改定**。副業・兼業への対応状況について，企業が情報公開することを推奨した。

---

❶テレワークを導入する中小企業への助成金の支給等。

❷在宅勤務のほか，サテライトオフィス勤務や，働く場所を問わないモバイル勤務も対象。

❸2021年には「フリーランスとして安心して働ける環境を整備するためのガイドライン」も策定された。

雇用保険法等

2020年の改正法は，①複数就業者の労災保険給付を拡充，②65歳以上の複数企業労働者に雇用保険を適用，③大企業（従業員301人以上）に正規雇用労働者のうちの中途採用・経験者採用の比率の公表を義務づけ。

---

8 労働

出る文

→ テレワークは，時間や場所を有効に活用できる柔軟な働き方であり，政府もガイドラインを改定するなど普及促進に努めている。

→ 2022年に「副業・兼業の促進に関するガイドライン」が改定され，対応状況について企業は情報公開を推奨されるようになった。

非正規雇用

出題可能性 ★★★

非正規雇用労働者の待遇改善も働き方改革。「同一労働同一賃金」の実現を願って1問！

◇非正規雇用の現状

　パートタイム労働者，有期雇用労働者，派遣労働者といった非正規雇用労働者が**役員を除く全雇用者に占める割合は約4割**❶。ただし，2020年にはコロナ禍で11年ぶりに減少し，2021年にも減少して2075万人となった（前年より25万人減）。

　正規雇用を希望しながら，非正規雇用で働く人は非正規雇用者の1割程度（10.7％）❷。25～34歳の若年層ではやや高くなっている（15.6％）。

◇非正規雇用の処遇改善

　多くの非正規雇用労働者が職場にいる以上，「同一労働同一賃金」の実現は当然の政策課題。**働き方改革関連法**は，雇用形態にかかわらない公正な待遇の確保に向けた規定を整備した❸。

　まず，**正規雇用労働者と非正規雇用労働者の間の不合理な待遇差をなくすための規定**を整備。パート・有期・派遣労働者について，「均衡待遇（働き方の違いに応じてバランスの取れた処遇）」や「均等待遇（同じ働き方では同じ処遇）」を統一的に定めるとした。

　また，**非正規雇用労働者の待遇に関する説明義務を強化**。非正規雇用労働者の雇入れ時に待遇内容を説明することや，非正規雇用労働者からの求めに応じて正規雇用労働者との待遇差の内容・理由について説明することを事業主に義務づけた。

❶以下の統計数値は，『令和4年版厚生労働白書』による。

❷非正規雇用を選んだ理由で最も多いのは「自分の都合のよい時間に働きたいから」（30.2％）。

❸2020年4月施行（中小企業は2021年4月）。

労働

出る文

➡非正規雇用労働者は役員を除く全雇用者の約4割を占めているが，2021年には前年より減少し2075万人となった。

➡働き方改革関連法は，正規雇用者と非正規雇用者の間の不合理な待遇差をなくすための規定を整備した。

労働時間制度

出題可能性 ★★

長時間労働の是正も働き方改革。残業時間は法律できっちり規制！

働き方改革関連法（以下，改革法）は労働時間制度を大きく見直し❶。長時間労働をなくし，有給休暇を取りやすくし，ワーク・ライフ・バランスを実現することを目指している❷。

◆時間外労働の上限規制等

改革法は，**残業（時間外労働）の上限を原則として月45時間，年360時間に規制**。臨時の特別な事情があって労使が合意する場合でも，年720時間以内，単月100時間未満，複数月平均80時間を限度とし，月45時間を超えるのは年間6か月までとする。違反した場合，罰則を科す。

また，**年5日の年次有給休暇の取得を義務化**。使用者は，年10日以上の年次有給休暇が与えられる労働者に対し，希望を踏まえて時季を指定し，年5日の年次有給休暇を取得させなければならない。違反には罰則を科す。

◆勤務間インターバル制度等

改革法は，**「勤務間インターバル制度」の導入を努力義務化**。事業主は，前日の終業時刻から翌日の始業時刻の間に一定時間の休息を確保するよう努めなければならない❸。

また，**割増賃金率についての中小企業への猶予措置を廃止**。月60時間を超える残業に支払われる割増賃金率を50%以上とする定めを中小企業にも適用する❹。

❶原則2019年4月施行（中小企業は一部を除き2020年4月）。

❷改革法はフレックスタイム制の「清算期間」の上限も延長。

❸2021年の厚労省調査によると，導入している企業の割合はまだ4.6%で，普及が課題。

❹2023年4月施行。

✎高度プロフェッショナル制度

改革法で創設。職務の範囲が明確で，一定の年収要件を満たす労働者が，高度な専門的知識を要する業務に従事する場合，労働基準法上の労働時間，休日，深夜の割増賃金等の規定を適用除外とする。

出る文

➡ 働き方改革関連法は，残業時間の上限について「月45時間，年360時間」を原則とすると定めた。

➡ 働き方改革関連法は，「勤務間インターバル制度」の導入を事業主の努力義務とした。

労働時間

出題可能性 ★★

働き方改革関連法の施行で注目される労働時間。現状把握は不可欠！

◆1人当たりの労働時間

近年，労働者1人当たりの年間総実労働時間は，緩やかに減少❶。だが，2021年の年間総実労働時間（事業所規模5人以上）は前年より12時間増加し，1633時間となった。

2021年の年間総実労働時間は，一般労働者では1945時間（前年は1925時間）。3年連続で2000時間を下回った。一方，パートタイム労働者では946時間。前年（953時間）を下回った。

1週間の就業時間が60時間以上に及ぶ過労死レベルの長時間労働に従事する雇用者（非農林業）の割合は，2003・2004年の12.2％をピークに低下傾向。2021年には5.0％（前年より0.1ポイント低下）となった。

ただし，欧州諸国との比較では，日本の年平均労働時間は依然として長いまま。長時間労働者の割合も高く，特に男性では顕著に高くなっている❷。

◆年次有給休暇

年次有給休暇取得率は，2000～2016年には5割を下回って推移。だが，2017年に5割を上回るようになり，**2021年には過去最高の58.3％に上昇**した（取得日数は10.3日で過去最多）。

とはいえ，政府目標は，2025年までに年次有給休暇取得率を70％以上とすること。達成にはまだ遠い。

❶近年，パートタイム労働者の比率が上昇傾向にあり，年間総実労働時間の減少要因となっている。

❷週49時間以上働いている労働者の割合（2021年）は，日本15.1％（男性21.7％），イギリス11.4％（同16.1％），フランス8.5％（同11.7％），ドイツ5.7％（同8.3％），アメリカ14.6％（同18.6％）。

➡2021年の一般労働者の年間総実労働時間は3年連続で2000時間を下回った。

➡年次有給休暇取得率は2017年以降5割を上回るようになり，2021年には過去最高の58.3％に上昇した。

雇用保険法・職業安定法

出題可能性 ★ ★

2022年に改正法が成立。制度改正は出題に直結！

2022年3月，**改正雇用保険法等が成立**❶。併せて職業安定法も改正された。

◆雇用保険制度

今回の法改正のねらいは雇用保険財政の安定化❷。コロナ禍で保険財政が悪化したためだ。

改正法はまず**雇用保険料率を改定**。暫定的に引き下げていた保険料率を2022年度に引き上げた❸。

さらに失業等給付について，**雇用情勢等の状況に応じて国庫負担割合を変動させる仕組み**を導入。別枠で**機動的に国庫からの繰入れができる制度**も創設する。

◆職業安定法の改正

職業安定法の改正では，安心して求職活動できる環境を整備。マッチング機能の質の向上も図る❹。

改正法は，インターネット上の公開情報を利用する新たな形態の求人メディアも規制対象に追加。特に，**求職者に関する個人情報を収集する「特定募集情報等提供事業者」には届出制を導入**し，事業概況の報告を求める。

また，**求人情報等の的確な表示を義務化**。求人企業，職業紹介事業者，募集情報等提供事業者は，情報を最新で正確な内容に保たなければならない。加えて，**募集情報等提供事業者についても，個人情報の保護や苦情処理体制の整備等を義務づけた**。法令違反には改善命令を出せる。

❶雇用保険とは，労働者が失業したときなどに必要な給付を行う社会保険制度。保険料は給与の一定割合を労使双方が支払う。

❷雇用保険関連の改正は一部を除き，2022年4月施行。

❸2022年4～9月には事業主負担の保険料率を引き上げ，労使合計の保険料率を0.95%とする（2021年度は0.9%）。2022年10月～2023年3月には労働者負担・事業主負担双方の保険料率を引き上げ，労使合計で1.35%とする。

❹職業安定法関連の改正は2022年10月施行。

出る文

➡ 2022年の改正雇用保険法等は，状況に応じて国庫負担率を変動させる仕組みや機動的に国庫からの繰入れができる制度を導入した。

➡ 2022年の改正職業安定法は，求人情報等についての的確な表示や，募集情報等提供事業者による個人情報の保護等を義務づけた。

8 労働

育児・介護休業

出題可能性 ★★★

政府が力を入れる仕事と育児・介護の両立。将来に備えて制度を熟知！

◆育児・介護休業制度

働きながら育児や介護を続けるのは難しい。育児・介護休業法はこれをサポートするための法律だ[1]。

育児・介護休業法は，原則として子どもが1歳に達するまでの間，労働者に育児休業を保障[2]。男女とも取得できる。**2021年度の育児休業取得率は，女性が85.1%，男性が13.97%**。男性は過去最高だった[3]。

なお，政府は国家公務員について2020年度から独自の目標を設定。子どもが生まれたすべての男性国家公務員が1か月以上の育児に伴う休暇・休業を取得することを目指している[4]。

◆育児・介護休業法の改正

2021年，**改正育児・介護休業法等が成立**（2022年4月以降順次施行）。目玉は男性の育児休業取得を促すための**「産後パパ育休（出生時育児休業）」の創設**だ。

この育休は子どもの出生後8週間以内に4週間まで取得可能（分割して2回取得も可能）。通常の育児休業とは別に取得できる。

同法は，育休を取りやすい雇用環境の整備や，労働者への個別の周知と意向確認を事業主に義務化。このほか，育休の分割取得（分割して2回まで）を可能とした。有期雇用労働者の育児・介護休業取得要件も緩和。また，従業員1000人超の事業主には，育児休業等の取得状況についての公表を義務づけた。

---

[1]育児・介護休業法は，家族を介護・看病するための介護休業も保障。要介護状態にある対象家族1人につき，通算93日まで3回を上限に分割して取得できる。

[2]保育所に入れない場合などは，最長で2歳まで延長可能。

[3]政府の目標は，男性の取得率を2025年までに30%とすること。

[4]公務員の育児休業制度は，国家公務員育児休業法や地方公務員育児休業法等が規定。2022年に改正され，育休の分割取得等が定められた。

8
労働

出る文

➡ 2021年度の育児休業取得率は，女性が85%を超え，男性は過去最高の14%弱となった。

➡ 2021年の改正育児・介護休業法は，男性の育児休業取得を促すため，「産後パパ育休」を創設した。

女性の就業

出題可能性 ★ ★ ★

女性の就業率アップは重要な政策課題。M字カーブ，L字カーブって何だ？！

◆M字カーブとL字カーブ

女性の労働力率を年齢別に描いたときの形は，1981年には「25〜29歳」と「30〜34歳」を底とする「**M字カーブ**」。結婚・出産期に当たる年代にいったん低下し，育児が落ち着いた時期に再び上昇していたためだ。

だが，2021年には，1981年に比べ，それぞれの年齢層の労働力率が上昇**❶**。全体の形もカーブが浅くなり，欧米諸国で見られるような**台形に近づきつつある❷**。

一方，女性の正規雇用労働者比率を年齢別に描いたときの形は「**L字カーブ**」**❸**。20代後半でピークを迎えた後，低下を続けるためだ**❹**。M字カーブが解消しつつある昨今，L字カーブの解消が新たな課題となっている。

◆男女雇用機会均等法の改正

性差別のない雇用環境をつくるための法律が**男女雇用機会均等法**。募集・採用，配置・昇進・教育訓練，定年・解雇等での性差別や，婚姻，妊娠・出産等を理由とする解雇やその他の不利益な取扱いを禁止している。

また同法は，職場におけるセクシュアルハラスメント（セクハラ）や，妊娠・出産等に関するハラスメント（マタニティハラスメント，マタハラ）への対策も規定**❺**。2019年の改正法はこうした対策を強化し，**セクハラ等の相談をした労働者への不利益な取り扱いを禁止した**（2020年6月施行）。

8

労働

❶女性の労働力率は25〜29歳で50.0％から86.9％に，30〜34歳で48.9％から79.4％に上昇。

❷一番低い年齢階級も「35〜39歳」へと上昇した（労働力率77.7％）。

❸実際に描くと「へ」の字の形になるが，政府はL字カーブと呼んでいる。

❹2021年は，25〜29歳の58.7％がピーク。

❺事業主に対し，相談体制の整備などのセクハラ防止措置やマタハラ防止措置をとることを義務づけている。

出る文

➡ 女性の労働力率を年齢別に描いたときの「M字カーブ」は，2021年にはカーブが浅くなり，台形に近づきつつある。

➡ 2019年の改正男女雇用機会均等法は，セクハラ等の相談をした労働者への不利益な取り扱いを禁止した。

若年者の雇用

出題可能性 ★ ★

政府は若者の就職を支援。しっかり学んで公務員の仕事をゲット！

◇若年層の雇用状況

若年層の完全失業率は他の年齢層に比べ高水準。2021年の15～24歳層の完全失業率は前年と同じ4.6%だった。一方、25～34歳層の完全失業率は前年より0.1ポイント低下。3.8%となった。

2022年3月卒業者の就職率は、コロナ禍からの回復が遅れ、大卒では前年より0.2ポイント低下。95.8%となった。一方、高卒では前年と同じ97.9%だった。

◇フリーターとニート

2021年のフリーターの数は**137万人**[1]。前年に比べ1万人増加した。増加するのは8年ぶりのことだ。

ハローワークでは、**フリーターなどの正規雇用化を支援。**「わかものハローワーク」（2022年4月時点で全国22か所）等で担当者制による個別相談支援や就職後の定着支援などを実施している。

トライアル雇用制度の普及も促進。フリーター等を試しに3か月間雇用して、よければ本採用する制度だ。トライアル雇用を行う企業には「トライアル雇用奨励金」が支給される。

一方、**若年無業者（ニート）の数は2021年で57万人**[2]。前年に比べ12万人も減少した。地域におけるニート対策の中核機関は「**地域若者サポートステーション（通称サポステ）**」。ニートの自立を支援している。

[1]フリーター＝15～34歳の若年者（主婦・学生を除く）のうち、パート・アルバイト雇用者か、パート・アルバイトを希望する者。

8

労働

[2]若年無業者＝15～34歳の非労働力人口のうち家事も通学もしていない者。

出る文

➡ 2021年の若年層の完全失業率は、15～24歳層では前年と同じ4.6%、25～34歳層では前年より低下し3.8%となった。

➡ ハローワークではフリーターの正規雇用化を支援してきたが、2021年のフリーター数は8年ぶりに増加し、137万人となった。

高齢者の就業

出題可能性 ★★★

雇用対策では高年齢者向けも重要。政府が打ち出したのは70歳までの就業支援！

◇高齢者の就業機会の確保

2020年、改正雇用保険法等（改正高年齢者雇用安定法を含む）が成立。**70歳までの就業支援策**を打ち出した❶。

改正法は、65〜70歳の「高年齢者就業確保措置」を**事業主の努力義務と規定**❷。65〜70歳の就業機会を確保するため、事業主は、①70歳までの定年引き上げ、②70歳までの「継続雇用制度」の導入、③定年廃止、④労使で同意したうえでの「雇用以外の措置」（業務委託契約を締結する制度や社会貢献活動に従事できる制度）の導入、のいずれかに努めなければならない。

また改正法は、こうした措置の導入等に対する支援を雇用保険における「雇用安定事業」に位置づけた。

政府が目指すのは、年齢にかかわりなく活躍できる**生涯現役社会**。ハローワークも「生涯現役支援窓口」を設置し、特に65歳以上の求職者の支援を強化している。

❶2021年4月施行。

❷もともと高年齢者雇用安定法は、65歳までの雇用を確保するための「高年齢者雇用確保措置」（定年引き上げ、継続雇用制度の導入、定年廃止のいずれか）を事業主に義務化。同措置の導入が進んだことから、今回の改正法は、この措置への財政支援である「高年齢雇用継続給付」を2025年度から縮小することも定めた。

労働

◇高齢者の就業状況

労働力人口に占める65歳以上の高齢者の割合は一貫して上昇。2021年には13.4％に達した。

高齢者の就業も拡大。2021年の就業率は、60〜64歳71.5％、65〜69歳50.3％、70〜74歳32.6％に達している。男性だけだと、60〜64歳82.7％、65〜69歳60.4％、70〜74歳41.1％と高水準。60歳以降も多くの人が働いており、**60代後半でも約6割が就業**している。

出る文

→ 2020年の改正高年齢者雇用安定法は、65〜70歳の「高年齢者就業確保措置」を事業主の努力義務と定めた。

→ 高齢者の就業は拡大しており、2021年には60代後半の男性の約6割が就業している。

障害者の雇用

出題可能性 ★ ★

障害者雇用は着実に進展。いっそうの拡大を祈念して1問！

◇障害者雇用の現状

障害者の自立に必要なのは雇用の確保。そのため障害者雇用促進法は「法定雇用率」を定め，民間企業や国・地方自治体等に障害者を雇用するよう促している❶。

民間企業における雇用障害者数は順調に増加。2021年6月時点では59万7786人となった。前年に比べ3.4％の増加。18年連続で過去最多を更新した。

2021年6月時点の**民間企業の実雇用率は2.20％。**前年の2.15％より上昇し，10年連続で過去最高を更新した。とはいえ，依然として**法定雇用率（2.3％）には及ばなかった。**

2018年，国や地方自治体が障害者雇用の算定で障害者数を水増ししていたことが発覚。その後，国や地方自治体での障害者雇用が進んだ。2021年6月時点の雇用障害者数は前年に比べ増加。実雇用率も上昇した❷。

◇障害者雇用促進法の改正

2019年，**改正障害者雇用促進法が成立**（2020年4月全面施行）。率先して障害者を雇うよう努めることを国や地方自治体の責務と定めた。

改正法は，**国や地方自治体等における障害者の雇用状況を的確に把握するための措置**を規定。厚労省が国や地方自治体に障害者雇用状況の報告を求め，不適切な場合，是正勧告できると定めた。また，国や地方自治体，民間企業に確認書類の保存を義務づけた❸。

❶法定雇用率は，民間企業2.3％，国・地方自治体2.6％，都道府県等の教育委員会2.5％。

❷国の機関の雇用障害者数は9605人（前年比2.9％増）で，実雇用率は2.83％。一方，都道府県の雇用障害者数は10143.5人（前年比4.6％増）で，実雇用率は2.81％。なお，重度以外の障害者で短時間労働者の場合，1人を0.5人とカウントする。

❸このほか，短時間であれば働ける障害者を雇用した民間企業に特例給付金を支給することも定めた。

8

労働

出る文

➡ 民間企業における雇用障害者数は順調に増加してきたが，2021年の民間企業の実雇用率は法定雇用率を下回った。

➡ 2019年の改正障害者雇用促進法は，国や地方自治体等における障害者の雇用状況を的確に把握するための措置を定めた。

労働の出る文穴埋めチェック

❶（　　　）は，時間や場所を有効に活用できる柔軟な働き方であり，政府もガイドラインを改定するなど普及促進に努めている。　　　　　　　　　　→ p.104

❷非正規雇用労働者は役員を除く全雇用者の約（　　　）割を占めているが，2021年には前年より減少し2075万人となった。　　　　　　　　　　　　　→ p.105

❸働き方改革関連法は，正規雇用者と非正規雇用者の間の不合理な（　　　）差をなくすための規定を整備した。　　　　　　　　　　　　　　　　　　　→ p.105

❹働き方改革関連法は，残業時間の上限について「月（　　　）時間，年360時間」を原則とすると定めた。　　　　　　　　　　　　　　　　　　　　　　→ p.106

❺2021年の一般労働者の年間総実労働時間は3年連続で（　　　）時間を下回った。　　　　　　　　　　　　　　　　　　　　　　　　　　　　　　　→ p.107

❻2022年の改正雇用保険法等は，状況に応じて（　　　）負担率を変動させる仕組みや機動的に（　　　）からの繰入れができる制度を導入した。　　　→ p.108

❼2021年の改正育児・介護休業法は，男性の育児休業取得を促すため，「（　　　）育休」を創設した。　　　　　　　　　　　　　　　　　　　　　　　→ p.109

❽女性の労働力率を年齢別に描いたときの「（　　　）カーブ」は，2021年にはカーブが浅くなり，台形に近づきつつある。　　　　　　　　　　　　　　→ p.110

❾2020年の改正高年齢者雇用安定法は，65〜70歳の「高年齢者就業確保措置」を事業主の（　　　）と定めた。　　　　　　　　　　　　　　　　　　　→ p.112

❿民間企業における雇用（　　　）数は順調に増加してきたが，2021年の民間企業の実雇用率は法定雇用率を下回った。　　　　　　　　　　　　　　　→ p.113

8 労働

解　答

❶**テレワーク**：雇用型テレワークや自営型テレワークがある。

❷**4**：不本意非正規雇用者は非正規雇用者全体の1割強。

❸**待遇**：パートタイム労働者・有期雇用労働者・派遣労働者の間で「均衡待遇規定」「均等待遇規定」を統一的に整備した。

❹**45**：残業の上限を法定化した。

❺**2000**：2021年の年間総実労働時間は1945時間だった。

❻**国庫**：雇用保険財政の安定を図るための改正。

❼**産後パパ**：子どもの出生直後に取得できるようになる。

❽**M字**：欧米諸国では台形。

❾**努力義務**：定年引き上げ，継続雇用，定年廃止，労使で同意したうえの雇用以外の措置の導入のいずれかを努力義務として要請。

❿**障害者**：2021年の法定雇用率は2.3％で，実雇用率は2.2％だった。

第9章

文部科学

令和の日本型学校教育

出題可能性 ★ ★

2021年，日本の学校教育の新しい指針が決定。試験対策も個別最適で！

◇日本型学校教育の課題

2021年，中央教育審議会（中教審）は「令和の日本型学校教育」の構築を目指して（答申）」を決定。子どもたちの知・徳・体を一体で育んできたこれまでの「日本型学校教育」の成果を評価しながらも，課題解決に向けた改革が必要になったと述べた。

今の学校教育の課題については，**学校の負担増大，子どもたちの多様化，生徒の学習意欲の低下，教師の長時間労働**を指摘。さらに，情報化への対応の遅れ，少子化の影響，感染症への対応を挙げた。

◇個別最適な学びと協働的な学び

答申は，「令和の日本型学校教育」の在り方を「全ての子供たちの可能性を引き出す，**個別最適な学びと，協働的な学びの実現**」と表現。各学校に対し，個人に応じた指導と他者との協働体験を併せて充実させ，「**主体的・対話的で深い学び（アクティブ・ラーニング）**」の実現を図るよう求めた❶。

教員の役割については，子どもの「主体的な学びを支援する伴走者」と描写❷。家庭や地域と連携しながら学校運営に当たるチームの一員としての責務も求めた。

ICT（情報通信技術）については，「必要不可欠な基盤的ツール」として重視。ただし，ICTの利用が自己目的化しないように留意し，**従来の対面授業方式とうまく組み合わせていくことが大切**だとした。

> ✎ **教員による児童生徒性暴力防止法**
> 2022年4月施行。性暴力の禁止や防止措置に加え，性暴力で免職となった元教員の復職を厳しく制限。

❶指導の個別化や学習の個性化が「孤立した学び」にならないように，「協働的な学び」が併せて進められる。

❷指導体制では小学校高学年からの教科担任制を推進する。

出る文

➡ 中教審は2021年，「令和の日本型学校教育」についての答申で，個別最適な学びと協働的な学びの充実を掲げた。

➡ 2021年の中教審答申は，教育におけるICTの活用について，従来の対面授業方式との併用が重要であるとした。

9 文部科学

学校における働き方改革

出題可能性 ★★★

教員不足対策のカギは学校の働き方改革。教員免許についても併せて学習！

◇部活動改革

文科省が進めている「部活動改革」のねらいは、**教師の長時間労働の是正**。2020年に決定し、2023年度からの全国展開が予定されている。

文科省は部活動について「必ずしも教師が担う必要のない業務」との認識を明確化。教師の負担軽減に向け、休日に部活動の指導をしなくてよい環境を構築する。

休日の部活動は段階的に地域に移行。子どもたちの指導に意欲を有する地域人材の協力を得て、よりよい部活動の実現を図る。

休日の部活動指導を希望する教師は「兼職兼業の許可」の申請が必要。これを得てから、地域の運営主体の下で部活動に従事することになる。

このほか、部活動については2018年にスポーツ庁と文化庁が**ガイドラインを策定**。生徒と教員の負担軽減に向け、休養日や最長活動時間の目安を定めている[1]。

◇教員免許更新制廃止

2022年5月の教員免許法などの改正で、**教員免許更新制は同年7月に廃止**[2]。教師の負担となっていた10年ごとの免許更新と、そのための「2年間で30時間以上の免許状更新講習」がなくなった。

2023年度からは**新たな研修制度がスタート**。教員は自主的に研修を受け、その記録を教育委員会が管理して指導や助言を行う制度に変わる。

✎ 学級編制の変更

教育の充実と教員の負担軽減に向け、政府は40年ぶりに公立小学校の1クラスの標準児童数（定足数）を変更。2021年度からの5年間で「40人以下」から「35人以下」に引き下げる。

[1] 学期中は週2日以上の休養日を設けることなど。ガイドラインなので違反しても罰則はない。

[2] 教員免許更新制は2009年度から実施。教員としての資質能力の維持に向け、定期的に最新の知識技能を身に付けることがねらいとされた（文科省は不適格教員の排除が目的ではないと強調）。

9 文部科学

出る文

➡ 教師の負担軽減に向けて2023年度から全国展開される部活動改革では、休日の部活動は段階的に地域に移行される。

➡ 教員免許更新制は2022年7月に廃止され、教員研修については2023年度から新たな制度に移行する。

高等教育改革

出題可能性 ★★★

岸田内閣の教育未来創造会議が始動。目指すはなんと理系5割！

経済・社会を担う人材をいかに育てていくかは，国の未来にかかわる重要な政策課題。少子化が進むなか，日本の高等教育の改革は「待ったなしの状況」にある。

特に問題なのは**理系離れ**。諸外国に比べ，日本では理工系の大学入学者が少なく，デジタル人材やグリーン人材の不足が懸念されている。

所得による教育格差の是正も，早急な対応が不可欠。**リカレント教育（社会人の学び直し）**の普及に向けた取組みも積極化させる必要がある。課題山積だ。

◇高等教育のグランドデザイン

2018年，中央教育審議会は「**2040年に向けた高等教育のグランドデザイン**」を答申。今後の高等教育の在り方を示した。

教育研究体制については，「多様性と柔軟性」をキーワードに，実務家や外国人など多様な教員の登用を推奨。学生についても**「18歳中心主義」から脱却**し，留学生や社会人を積極的に受け入れる必要があるとした。

教育の質の保証については情報公開を重視。大学などは「何を学び，修得できるのか」を公表し，併せて**教育成果の可視化**を図るべきだとした。

地方や産業界との連携もさらに推進。大学の運営費についても，企業や地域社会からの投資を意欲的に確保するよう求めた。

◇教育未来創造会議

岸田首相は2021年12月，自らを議長とする「**教育未来創造会議**」を創設❶。高等教育の在り方や教育と社会の接続について集中的に議論するとした。

教育未来創造会議は，2022年5月，第一次提言「**我が国の未来をけん引する大学等と社会の在り方について**」を発表。「成長と分配の好循環」や「新しい資本主義」の実現に向け，教育・人材育成関連の施策をまとめた。

✏️ 高大接続改革

文科省は中教審の答申を受け，2015年に高校教育，大学教育，大学入試の3つを一体的に改革する「高大接続改革」に着手。2021年からは「大学入試センター試験」に代えて，学力を多角的・総合的に評価する「大学入学共通テスト」を導入した。

❶この会議は安倍首相が2013年に立ち上げた「教育再生実行会議」を引き継ぐ。

なお，教育再生実行会議は2021年の提言「ポストコロナ期における新たな学びの在り方について」で，大学の入学時期・卒業時期の多様化・柔軟化を要請。秋季入学や4学期制などの導入検討も盛り込んだ。

9

文部科学

理系人材の不足については数値目標を設定して取組みを強化。自然科学分野の学生割合については現状の35％からOECD諸国で最も高い5割程度に高めることを掲げるとともに，理系の女子学生の数を男子と同程度にまで増やすとした❷。

ねらいは日本の発展に貢献できる**高度専門人材の育成**。デジタル，人工知能，グリーン（脱炭素化等），農業，観光などの分野での人材不足に対応する。目標達成に向けては理系離れ対策も不可欠。高校初期での文理分断教育をやめることや，文理の枠にとらわれない大学の学部・学科の再編を求めた。

大学改革については，同じ地域の大学どうしの連携・統合，産学官の協働による人材育成機能の強化，教員1人当たりの学生数（ST比）の改善なども提言。厳格な卒業認定を行う「出口の質保証」の確立も図る。

学びの支援では給付型奨学金と授業料減免の中間層への拡大を提唱。貸与型奨学金については，**ライフイベントに応じた柔軟な返還（出世払い）の仕組み**を創設し，家庭の経済事情にかかわらず学べる環境を充実させるとした❸。

リカレント教育の促進については，企業での人材評価の改善を提言。成人学習参加率が高い国ほど労働生産性が高い傾向にあることを踏まえ，学び直しをする従業員に報酬を出す企業を支援するとした。社会人の学びのポータルサイト「マナパス」も拡充する。

❷理数の学びに関するジェンダーバイアスの排除については，幼少期から家庭や学校での取組みを推進する。

❸まず大学院生対象に2024年度から始める準備が進められている。

教育振興基本計画

教育基本法に基づき教育政策の指針を定める。2023年度から5年間の第4期基本計画は2022年度末までに中教審が答申し，2023年前半に閣議決定される。

9 文部科学

出る文

➡「2040年に向けた高等教育のグランドデザイン（答申）」は，高等教育における教員・学生の多様化の重要性を指摘した。

➡教育未来創造会議の第一次提言は，理系を専攻する学生の割合を5割に高めることを目標に掲げた。

➡教育未来創造会議の第一次提言は，高度専門人材の育成に向け，文理の枠にとらわれない改組を大学に求めた。

➡社会人の学び直しであるリカレント教育については，生産性の向上にも寄与するため，導入する企業への支援が図られる。

GIGAスクール構想

出題可能性 ★★★

GIGAスクールに，プログラミング教育。ボーっと生きてると，抜かされちゃう！

◆GIGAスクール構想

パソコンやタブレットは今や学校教育でもマストアイテム。教室のネット環境の整備も不可欠だ。

ICTを活用すれば学習状況に応じた個別学習が可能。一斉授業を双方向型に変えることもできるし，協働学習での意見交換もしやすくなる。

文科省は2019年に「GIGAスクール実現推進本部」を設置。義務教育段階における**「1人1台端末」**と，小中高校における**「高速通信環境」の整備**を柱とする**「GIGAスクール構想」**を推進してきた。

コロナ禍で教育にもオンラインの利活用が求められるなか，整備は前倒しで進捗❶。2021年3月末には97.6％の自治体で端末の納品が完了した。

2021年4月からは「1人1台端末」環境下での新しい学びがスタート。文科省は「GIGAスクール元年」と位置づけている。

◆新学習指導要領

新学習指導要領は，小学校では2020年度，中学校では2021年度，高校では2022年度から実施。**主体的・対話的で深い学び（アクティブ・ラーニング）を重視した授業**が，新しい教科書を使って始まった❷。

新学習指導要領は，情報活用能力を教科横断的な「学習の基盤となる資質・能力」に位置づけ。**プログラミング教育も小学校で始める**ことになった。

❶当初は2023年度までの整備が計画されていた。

❷学習指導要領は文科省が定める教育課程の基準。おおむね10年ごとに改訂される。

今回の改訂では，小学校における外国語教育を拡充。5年生からだった英語に慣れ親しむための「外国語活動」を3年生から始め，5年生からは教科としての英語を教えることになった。

また，小中高を通じて公共意識の醸成を重視。主権者教育，消費者教育，防災教育などを充実させ，高校の新科目に「公共」を追加した。

- ➡ 文科省は「GIGAスクール構想」を掲げ，学校における「1人1台端末」と「高速通信環境」を整備してきた。
- ➡ 新学習指導要領は，情報活用能力を教科横断的な「学習の基盤となる資質・能力」に位置づけた。

文部科学

科学技術政策

出題可能性 ★★

政府は科学技術政策の基本法と基本計画をまとめて刷新。これもイノベーション？

◇科学技術・イノベーション基本法

2020年，政府は25年ぶりに「科学技術基本法」を改正。目的にイノベーションの創出を追加し，名称を「**科学技術・イノベーション基本法**」に変更した。

新基本法は，**人文科学（社会科学を含む）を振興対象に追加**。産業の育成や法的・倫理的課題の解決などを念頭に，「総合知」により社会を変革する姿勢に改めた。

◇科学技術・イノベーション基本計画

基本法の改正を受け，政府は新たに「**科学技術・イノベーション基本計画**」を策定。2021年度から5年間の科学技術施策の指針を示した。

新基本計画は，コロナ後の社会情勢について，「科学技術・イノベーションを中核とする国家間の覇権争いの激化」を指摘。脱炭素化やビジネスモデル転換などが日本の重要課題になっていると述べた。

課題克服に向け，新基本計画はSociety 5.0の具体化による社会のリデザインを提唱❶。高水準の科学研究や技術力に，信頼・分かち合いなどの日本的価値観やSDGsを結びつけ，「国民の安全と安心を確保する持続可能で強靭な社会」と「一人ひとりの多様な幸せ（well-being）が実現できる社会」をつくっていく，と宣言した。

研究基盤の強化に向け，**10兆円規模の大学ファンドの創設**も明記。将来的には，参加する大学が原資を運用して，自ら研究資金をまかなうことを目指す❷。

❶ Society 5.0とは狩猟社会，農耕社会，工業社会，情報社会に続く超スマート社会。サイバー空間とフィジカル空間を高度に融合させ，経済発展と社会的課題の解決を目指す。

❷ 人材育成については若手の研究ポストの確保や女性研究者の活躍促進を重視。数値目標も掲げられた。

ノーベル賞

2021年の物理学賞は，大気や海洋の気候変動に関する物理モデルを構築し，地球温暖化を予測した真鍋淑郎さんらが受賞。

9 文部科学

出る文

➡ 科学技術・イノベーション基本法は，科学技術政策の目的に「イノベーションの創出」を加えた。
➡ 2021年度からの「科学技術・イノベーション基本計画」は，Society 5.0の具体化による社会のリデザインを提唱した。

日本の先端技術

出題可能性 ★ ★ ★

注目は新型ロケットと量子コンピュータ。どっちが出るかは打ち上げ次第！

◇宇宙開発

宇宙は科学技術のフロンティア。イノベーションの創出でも大きな推進力になりうる。

JAXA（宇宙航空研究開発機構）が力を入れているのは**新型国産ロケットの開発**。大型ロケットでは，「H-ⅡA」「H-ⅡB」に代わる新型の「**H3**」1号機（試験機）が2023年2月に打ち上げられる予定だ❶。

H3ロケットのミッションの1つは，国際宇宙ステーションへの物資輸送。そのため，JAXAはこれまでの無人補給機（HTV）に代わる「**HTV-X**」の開発も進めている。特長は高い輸送能力と低コスト。月面や火星への中継基地として多国間協力で開発が進む**月周回有人拠点**「**Gateway**」にも物資を補給することが期待されている。

JAXAでは，宇宙ビジネスの拡大を視野に，運用コストに優れた小型の「**イプシロンロケット**」も開発中。だが，6号機（2022年）は失敗に終わり，課題を残した❷。

2023年度には，日本初の月面着陸を目指す**小型月着陸実証機（SLIM）**が打ち上げられる予定。小型で軽量，しかも「降りたいところに降りる」ピンポイント着陸ができる優れものの探査機だ。

ところで，日本が誇る**小惑星探査機「はやぶさ2」**は次の小惑星に向けてまだ飛行中❸。2020年に地球に届けた小惑星リュウグウの表面土壌と地中土壌からはアミノ酸が検出され，炭酸水も見つかった。「太古の地球に衝突した小惑星が有機物や水分をもたらし，それが地球の生命誕生につながった」とする学説の有力な証拠になると見られている。

◇デジタル・量子技術

日本のスーパーコンピュータ「**富岳**」は，半期ごとの性能ランキングで2020年から5期連続で世界第1位。すでに共用されていて，感染症対策（飛沫の飛散シミュレーション）や防災対策（線状降水帯の発生予測）に役

---

❶地球観測を行う先進光学衛星「だいち3号」を搭載し，軌道に投入する予定。

❷2013年の1号機から2021年の5号機までは順調に打ち上げられていた。

❸到着は2031年の予定。

✎ アルテミス計画

月面に拠点をつくって持続的な活動を行い，ゆくゆくは火星有人探査の拠点にしようという壮大な計画。アメリカ主導の国際計画で，2019年に日本も参加を表明した。

✎ 宇宙基本計画

2020年，政府は宇宙基本計画を改定。「自立した宇宙利用大国」の実現を掲げ，基盤強化とともに，安全保障や災害対策などでの利用拡大を進める。

---

9 文部科学

立てられている。

政府は，次は量子技術だとして，2022年4月に**量子未来社会ビジョン**を策定❹。量子主要3分野（量子コンピュータ，量子暗号通信，量子計測・センシング）の技術開発と事業化の支援を進めるとしている❺。

量子コンピュータの特長は，デジタル情報の単位である「0」と「1」を同時に持たせた処理。それによって膨大で複雑な計算を超高速で行う。これまでは不可能だったことが可能となるのだ。

その1つが暗号通信の解読。量子コンピュータの高い計算能力があると，今の暗号は破られてしまう。政府の「量子未来社会ビジョン」もその点を意識して，量子暗号を開発の主要分野に挙げている。

◇バイオ技術

政府はバイオ技術の開発では，「バイオ戦略2019」を策定。コロナ感染症を受け，「バイオ戦略2020」へとバージョンアップした。

目標は**2030年までの「世界最先端のバイオエコノミー社会」の実現**。ロボットとITによる産業革命の次は「遺伝子改変生物とITによる産業革命」だとして，それを「バイオエコノミー」という言葉で表現した。

具体策では，医薬品や再生医療・遺伝子治療のほか，高機能バイオ素材やバイオプラスチックなどの開発も推進。ワクチン開発の促進も，もちろん盛り込まれている。

❹量子とは粒子と波の性質を併せ持ったきわめて小さな物質やエネルギーの単位。量子には原子のほか，原子を形づくる電子，陽子，中性子，さらにはニュートリノなどの素粒子がある。

❺政府は，演算の継続により発生する量子的な誤りを直しながら高い精度で計算を実行する「誤り耐性型汎用量子コンピュータ」の早期開発を重視。

9 文部科学

出る文

➡ 日本の新しい国産大型ロケット「H3」は，国際宇宙ステーションへの物資輸送にも利用される。

➡ JAXA（宇宙航空研究開発機構）は運用コストに優れた小型の「イプシロンロケット」も開発している。

➡ 日本のスーパーコンピュータ「富岳」は，2021年から共用が開始され，感染症対策にも利用された。

➡ 量子コンピュータによって既存の暗号の解読可能性が高まることから，量子暗号の開発も進められている。

スポーツ政策

出題可能性 ★ ★

新たなスポーツ基本計画が2022年度にスタート。東京オリ・パラのレガシーを活かしたい！

◆スポーツ基本計画

2022年3月，スポーツ庁は「**第3期スポーツ基本計画**」を策定。2022年度から5年間のスポーツ政策の方向性を示した。

新基本計画は東京オリンピック・パラリンピックのレガシーの発展を重視❶。国際競技力のさらなる向上やスポーツを通じた共生社会の実現を掲げた。

新基本計画は**新たな「3つの視点」**を提示。①スポーツを「つくる／はぐくむ」，②スポーツで「あつまり，ともに，つながる」，③スポーツに「誰もがアクセス」できる，の3つだ❷。スポーツ庁はこれらの観点から，スポーツをする機会，施設，社会づくりにかかわる施策を進めていくとした。

◆スポーツ政策の数値目標

個別施策のいくつかでは数値目標も設定。最大の課題である国民のスポーツへの積極的参加については，**成人の週1回以上のスポーツ実施率を70％に引き上げる**ことを掲げた（2021年には56.4％）❸。

具体策では**スポーツの成長産業化**も重視。スポーツ市場の規模については，第2期基本計画の数値目標を引き継ぎ，15兆円への拡大を目指すとした。

地方創生関連では，スポーツ・健康まちづくりに取り組む自治体の割合について，数値目標を設定。40％に高めていくこととした（2021年には15.6％）❹。

❶東京オリ・パラはコロナ感染症により1年遅れて2021年夏に開催。試合のほとんどが無観客で実施された。

❷スポーツ政策では，これまでスポーツを「する・みる・ささえる」人を増やすことが重視されてきた。

❸障害者の実施率については40％を目指す（2021年には31.0％）。

❹そのほか，スポーツ団体の女性理事の割合を40％に近づけることなどを明記。

9 文部科学

出る文

➡ 第3期スポーツ基本計画は新たに「3つの視点」を示し，それぞれを軸に今後のスポーツ施策を進めていくとした。

➡ 第3期スポーツ基本計画は，成人の週1回以上のスポーツ実施率を70％に引き上げることなどの数値目標を定めた。

文化政策

出題可能性 ★★

2020年，国立アイヌ民族博物館が開業。ウポポイのときも三密は避けてね！

◆文化芸術立国

文化芸術は「日本ブランド」の重要な源泉。政府は，文化に対する戦略的投資を拡大し，新たな価値を創造して，**文化芸術立国の実現を目指す**としている。

2017年，政府は「文化芸術振興基本法」を抜本改正。新たに「**文化芸術基本法**」として施行した。

新法は，文化芸術そのものの振興だけでなく，観光・まちづくり，国際交流，福祉，教育，産業などの関連分野にまで施策の範囲を広げたのが特徴。**社会的・経済的価値をはぐくむ文化政策を推進する**のがねらいだ❶。

2020年には「**文化観光推進法**」が成立・施行。文化財の観覧や文化体験などができる「文化観光」の普及に向け，文化施設の整備などを進める❷。

◆国立アイヌ民族博物館

2020年，北海道白老町にアイヌ文化の復興と発展のナショナルセンターとして「**民族共生象徴空間**」が開業。愛称はアイヌ語で「大勢で歌うこと」を意味する**ウポポイ**だ。

約10ヘクタールの敷地を持つウポポイの中核施設の1つが「**国立アイヌ民族博物館**」。アイヌの歴史や文化を紹介するだけでなく，アイヌ文化の調査研究の拠点となっている。

博物館の内装にはアイヌの伝統文様を多用。展示解説はアイヌ語を第一言語として書かれている。

❶同法に基づく文化芸術推進基本計画は，2023年度から第2期計画がスタート。2022年度末までには閣議決定の予定。

❷同法に基づき文化庁は全国で文化観光の拠点計画を認定。案内の多言語化や開館時間の延長などに対する支援を始めた（2021年度末までに41計画を認定）。

博物館法

2022年の改正法は自治体施設などに限定されていた博物館登録制度の対象を民間施設にも拡大。デジタル化や文化観光での活用を支援する（2023年5月施行）。

- ➡ 2020年の「文化観光推進法」に基づき，政府は「文化観光」の普及を図っている。
- ➡ 2020年，「民族共生象徴空間（ウポポイ）」に国立アイヌ民族博物館が開業した。

9 文部科学

世界遺産

出題可能性 ★★★

毎年のように増える日本の世界遺産。地域と歴史の教養を問う！

2021年，コロナ禍で登録決定がなかった2020年の分を含め，日本から新たに2件の世界遺産が誕生❶。自然遺産の「奄美大島，徳之島，沖縄島北部及び西表島」と，文化遺産の「北海道・北東北の縄文遺跡群」だ。

これで日本の登録遺産は25件（2022年末現在）。自然遺産が5件，文化遺産が20件になった。

◇奄美大島，徳之島，沖縄島北部及び西表島

2021年に自然遺産として登録された「奄美大島，徳之島，沖縄島北部及び西表島」は，鹿児島県と沖縄県の4地域で構成❷。琉球列島の中部と南部に位置し，亜熱帯気候に区分されている。

最大の特徴は**希少性の高い生物多様性**。琉球列島では大陸からの分離・孤立によって特異的な生物進化が進んだため，そこでしか見られない固有種が多いのだ。

この地域の国際的絶滅危惧種は95種。よく知られているアマミノクロウサギ，ヤンバルクイナ，イリオモテヤマネコの生息地もここに含まれている。

指定地域の保全・管理については，国（環境省，林野庁，文化庁）と自治体（鹿児島県・沖縄県，関係市町村）の協力が不可欠❸。すでに管理機関どうしの連携を図るための「地域連絡会議」も設置された❹。

自然遺産に指定されたことで心配されるのは，観光客急増による自然破壊。すでに地元では「**責任ある観光**」を掲げ，客数の規制などを検討している。

◇北海道・北東北の縄文遺跡群

2021年に文化遺産として登録された「北海道・北東北の縄文遺跡群」を構成するのは17遺跡（北海道6・青森県8・秋田県2・岩手県1）。縄文時代の大規模集落の跡地として知られる**三内丸山遺跡**（青森市）がその代表格だ❺。

縄文時代は，寒冷な気候が続いた旧石器時代と，稲作

❶登録の可否は，世界遺産条約に基づいて，UNESCO（国連教育科学文化機関）が判断する。

❷遺産名が島名になっていても指定地域はその一部。なお，沖縄本島北部は一般に「やんばる」の名で知られている。

❸指定された地域は，環境省が管理する国立公園（奄美群島国立公園，やんばる国立公園，西表石垣国立公園）に含まれる。

❹主な検討課題は，外来種の駆除，希少生物種の事故防止，米軍訓練場跡地に残る廃棄物の処理など。

❺約5900〜4200年前の大規模な集落跡で，国の特別史跡。出土品も多く，見学施設も整備されている。

9 文部科学

126

農耕が本格化する弥生時代の中間の時代。今から約1万5000年前に始まり，東北においては約2400年前まで，1万年以上にわたって続いたとされている。

特徴は，**採集・漁労・狩猟を基盤とした定住生活**。定住生活には本格的な農耕が伴うのが普通なので，環境の変化に適応しながら**自然と共生する独特の定住社会を長きにわたって発展させてきた縄文文化**は，とても貴重な存在だ。

縄文文化を特徴づけるのは，教科書にも出てくる装飾された土器やユニークな土偶の存在。今回指定された遺跡からは，ほかにも石器などの道具や装飾品が多数出土している。

「秋田のストーンサークル」として知られる**大湯環状列石**（秋田県鹿角市）も指定遺跡の1つ。儀礼や祭礼が行われた痕跡があり，縄文時代の精神文化をうかがわせる貴重な遺跡だ❻。

❻ほかにも3か所の環状列石が文化遺産としての指定を受けた。

無形文化遺産

芸能，慣習，祭礼，工芸などの保護を目的にUNESCOが登録。日本からは能楽，歌舞伎，和食などのほか，2018年にはナマハゲなどの「来訪神」が，2020年には茅葺きなどの「伝統建築工匠の技」が，そして2022年には日本各地の盆踊りなどが「風流踊（ふりゅうおどり）」として登録された。

なお，2021年の改正文化財保護法は，無形文化財・無形民俗文化財に登録制度を創設。祭りなど無形の文化財の保護を強化した。

◆次の登録を目指す遺産

2021年12月，文化庁は次の世界遺産への推薦候補として「**佐渡島の金山**」（新潟県佐渡市）を選定。文化遺産での登録を目指すこととなった。

特徴は，**伝統的手工業による日本独自の金生産システム**。江戸幕府の財政を支えたという日本史的な意義に加え，「黄金の国ジパング」を世界に知らしめた点で世界史的にも重要だ。

出る文

→ 日本の「世界遺産」は，2022年末現在，自然遺産が5件，文化遺産が20件の合計25件となっている。

→ 2021年，鹿児島県と沖縄県にまたがる「奄美大島，徳之島，沖縄島北部及び西表島」が，世界自然遺産として登録された。

→ 2021年，17遺跡からなる「北海道・北東北の縄文遺跡群」が世界文化遺産に登録された。

→ 狩猟採集を基盤とした定住生活を特徴とする縄文文化は，環境の変化に適応しながら，1万年以上にわたって続いた。

文部科学の出る文穴埋めチェック

❶中教審は2021年，「令和の（　　）学校教育」についての答申で，個別最適な学びと協働的な学びの充実を掲げた。　　　　　　　　　　　　　　→p.116

❷教師の負担軽減に向けて2023年度から全国展開される（　　）改革では，休日の（　　）は段階的に地域に移行される。　　　　　　　　　　　→p.117

❸教育（　　）会議の第一次提言は，理系を専攻する学生の割合を5割に高めることを目標に掲げた。　　　　　　　　　　　　　　　　　　　　　→p.119

❹社会人の学び直しである（　　）教育については，生産性の向上にも寄与するため，導入する企業への支援が図られる。　　　　　　　　　　　　　→p.119

❺文科省は「（　　）構想」を掲げ，学校における「1人1台端末」と「高速通信環境」を整備してきた。　　　　　　　　　　　　　　　　　　　　　→p.120

❻2021年度からの「科学技術・（　　）基本計画」は，Society 5.0の具体化による社会のリデザインを提唱した。　　　　　　　　　　　　　　　　→p.121

❼日本の新しい国産大型ロケット「（　　）」は，国際宇宙ステーションへの物資輸送にも利用される。　　　　　　　　　　　　　　　　　　　　　→p.123

❽（　　）コンピュータによって既存の暗号の解読可能性が高まることから，（　　）暗号の開発も進められている。　　　　　　　　　　　　　→p.123

❾第3期（　　）基本計画は，成人の週1回以上の（　　）実施率を70％に引き上げることなどの数値目標を定めた。　　　　　　　　　　　　　→p.124

❿2021年，17遺跡からなる「北海道・北東北の（　　）群」が世界文化遺産に登録された。　　　　　　　　　　　　　　　　　　　　　　　　→p.127

9 文部科学

解　答

❶**日本型**：「主体的・対話的で深い学び」の実現を図る。

❷**部活動**：子どもたちの指導に意欲を有する地域人材の協力を得て，よりよい部活動の実現を図る。

❸**未来創造**：岸田首相が2021年12月に創設。

❹**リカレント**：成人学習参加率が高い国ほど労働生産性が高い。

❺**GIGAスクール**：2021年度から新しい学びがスタート。

❻**イノベーション**：脱炭素化やビジネスモデル転換などを重視。

❼**H3**：無人補給機「HTV-X」の開発も同時進行中。

❽**量子**：膨大で複雑な計算を超高速で行える。

❾**スポーツ**：スポーツの成長産業化も重視している。

❿**縄文遺跡**：狩猟採集を基盤とした定住生活が特徴。

第10章

環　境

気候危機

出題可能性 ★★★

異常気象は世界各地で深刻化。1.5度目標の実現に向け，危機感を持った対応を！

◆気象災害

2022年も**国内外で深刻な気象災害が発生**。ヨーロッパでは猛暑で水不足が深刻化し，アメリカやアジアでは豪雨によって大きな被害が出た**❶**。

日本でも異常気象は今や日常茶飯事。線状降水帯などがもたらす集中豪雨の頻度は増加傾向にある**❷**。

2022年の『食料・農業・農村白書』によると，2021年の気象災害による**農林水産関係の被害額は1955億円**。異常気象が人命，住宅，交通インフラ，農地・農業施設などに及ぼす被害は甚大だ。

日本では2020年に環境省が「**気候危機**」を宣言**❸**。気候変動は危機的状況にあるとの認識を示した。

◆IPCC評価報告書

2021～2022年にかけてIPCC（**気候変動に関する政府間パネル**）は第6次評価報告書を公表**❹**。科学的根拠に基づき，地球温暖化の現状を評価した。

自然科学的根拠に関する第1作業部会の報告書は，「**人間の影響が大気・海洋・陸域を温暖化させてきたことは疑う余地がない**」と表現。「可能性はきわめて高い」とした2013年の第5次報告書を修正した。

そのうえで，世界の平均気温は少なくとも今世紀半ばまで上昇し続けると予測。今後も極端な高温・大雨などが起きると述べた。

影響・適応・脆弱性に関する第2作業部会の報告書は，「**人為起源の気候変動が自然と人間に対して広範な悪影響を引き起こしている**」と指摘。気温上昇が1.5度を超えると，超えない場合と比較して，人間と自然がより深刻なリスクに直面し，損失・損害が増え，さらには適応の限界に達するだろうと述べた。

気候変動の緩和に関する第3作業部会の報告書は，現状の各国の温室効果ガスの削減努力では「**21世紀中に温暖化による気温上昇が1.5度を超える可能性が高い**」

---

❶ イギリスではロンドンなどで40度超え（観測史上初），スペイン南部では47.5度を記録し，アメリカや中国でも40度を超える地域が出た。豪雨や洪水による被害は雨が少ないイランやイエメンなど中近東でも発生した。

❷ アメダス地点の年最大72時間降水量は，1976年以降，10年当たり3.7%上昇している。

❸ 2020年，国会は衆参両院の本会議で気候非常事態宣言決議を採択した。

❹ IPCCは国連環境計画と世界気象機関が共同で設立。2007年にノーベル平和賞を受賞。

10
環境

との見通しを公表。上昇緩和に向け，さらなる努力が必要だとの見解を示した。

◇気候変動枠組条約締約国会議

温暖化対策の国際的枠組みとなる**パリ協定**が採択されたのは2015年❺。全参加国は，温室効果ガス削減に関する**自主目標を作成して国連に提出し，国内対策を実施する義務**を負った。

実施期間が始まったのは2020年。世界全体の実施状況の確認は2023年に初めて実施される。

気候変動枠組条約締約国会議（COP）では，2021年のCOP26（第26回会議）が産業革命前からの気温上昇についての目標値を修正。「**1.5度未満**」にすることを全参加国の国際公約に格上げした❻。

またCOP26では，温室効果ガスの削減量を「排出権」として融通し合う市場メカニズムについても合意が成立。**パリ協定のルールブック**がようやく完成した❼。

2022年11月，COP27（第27回会議）は新たな基金の創設を決定。途上国を対象に，干ばつや洪水といった**気候変動による「損失と損害」に特化した支援**を行う。各国が協調して気候被害への資金支援に取り組むのは初めてだ❽。

日本は資金提供に加え，防災の技術やノウハウを途上国に提供。日本の経験を役立てるとしている。

❺世界196の国と地域が温暖化防止に協力して努めることを約束。

❻パリ協定締結時の目標は産業革命前からの気温上昇を「2度未満」に抑えること。その際「1.5度未満」も努力目標として記載された。

❼石炭火力発電については「段階的削減」への努力を明記。原案は「段階的廃止」だったが，インドなどから反対意見が出て，表現が弱められた。

❽基金設立については先進国と途上国の意見が対立。先進国側の譲歩により設立が決まった。具体的内容は次回のCOP28で検討される。

10 環境

出る文

➡気象災害は世界で発生しており，日本では2020年に環境省が「気候危機」を宣言した。

➡IPCC（気候変動に関する政府間パネル）報告書は，人間の活動が地球温暖化の原因であることに疑う余地はないと述べた。

➡2021年のCOP26では，産業革命前からの気温上昇を1.5度未満に抑える努力が国際公約に格上げされた。

➡2022年のCOP27では，気候変動による「損失と損害」に特化した途上国支援を行う基金の創設が決定した。

日本の温暖化対策

出題可能性 ★ ★ ★

2021年，日本は新たな中期目標を決定。排出が減るほど，出題は増えるかも！

◇日本の削減目標と排出状況

日本は2020年，温室効果ガスの排出を実質ゼロにする**カーボンニュートラル**を**2050年**までに**目指す**と宣言❶。長期目標に据えた。また2021年には中期目標も変更。2013年度比で**2030年度までに46%削減する**とした❷。

2022年の『環境・循環型社会・生物多様性白書』によると，2020年度の日本の温室効果ガス排出量は7年連続で減少。**前年度比で5.1%のマイナス**となった。減少幅が大きかったのは，コロナ禍でエネルギー消費が減ったためだ❸。

総排出量から「森林等の吸収源対策による吸収量」を引いた量は11億600万トン。基準年（2013年度）との比較では**21.5%の減少**になった。

◇温暖化対策の指針

2021年，**改正地球温暖化対策推進法**が成立。これにより，「2050年までの脱炭素社会の実現」は基本理念として法律に明記された。

改正法は，**再生可能エネルギーを利用した「地域の脱炭素化」**を重視。市町村が実施目標や促進地域を定め，地域住民の理解を得て，**太陽光発電や風力発電**などの円滑な導入を図っていくとした。これらの設置については景観悪化や騒音などをめぐってしばしば地域トラブルが発生。対策が求められていた。

2021年には**地球温暖化対策計画**も改定。新たな長期・中期目標の実現に向け，産業，家庭，運輸などの部門別に削減目標値を定めた。

◇地域の脱炭素化

2021年，政府は2030年までに実施する施策をまとめ，**地域脱炭素ロードマップ**として公表。脱炭素社会づくりに向けた地域での取組みについて，道筋を示した。

---

❶「実質ゼロ」とは，温室効果ガスの排出量から森林などによる吸収量を差し引いた結果がゼロになることを意味する。

❷さらに「50%削減」に向けた挑戦を続けるとの決意も表明した。

ちなみに，パリ協定に向けて日本が当初掲げた中期目標は2013年度比で「26%削減」，長期目標は「80%の排出削減を目指す」だった。

❸世界全体の温室効果ガス排出量も2020年は前年比5.4%の大幅減少。ただし，2021年にはリバウンドで上昇する見通し。

✎フルオロカーボン

エアコンや冷蔵庫などで使われているフルオロカーボン（フロン類）にはCO_2の1万倍を超える温室効果を持つものがある。日本は2019年に改正フロン排出抑制法を制定し，廃棄時の回収率向上を図っている。

10
環境

2030年度までに少なくとも100か所の**脱炭素先行地域**をつくり，国が支援❹。農山漁村や都市街地など，地域特性ごとに脱炭素実施の道筋を見出していく。その後，モデルケースとなる先行地域から「**脱炭素ドミノ**」がスタート。日本各地が次々と脱炭素に移行して，2050年を待たずに「脱炭素で強靭な活力ある地域社会」が全国で実現するのだという❺。

具体策では，屋根置きの自家消費型太陽光発電の普及や，EV（電気自動車）などを用いたゼロカーボン・ドライブの一般化等を列挙。農山漁村では，農業機械や船舶について，電動化やシェアリングを促すとした。

◇気候変動適応計画

温暖化対策では，気候変動がもたらす被害の軽減策も重要課題。2018年には気候変動適応法が成立し，初の**気候変動適応計画**が策定された。

農林水産分野では高温を好む品種への転換も検討。温州みかんを不知火（デコポン）に変えたり，高温耐性のあるコメの品種を普及させたりする❻。

自然災害では**流域治水**を重視。氾濫危険地域だけでなく，河川の上流から下流までの流域全体で対策を図る。

健康については熱中症対策を重視❼。デング熱を媒介する蚊の駆除なども盛り込んだ。

気候変動適応計画は2021年に一部を改定。それぞれの対策について有効性の判断基準となる重要業績評価指標（KPI）を定めた。

❹脱炭素事業に意欲的な自治体向けに「地域脱炭素移行・再エネ推進交付金」を創設。

❺「2050年実質排出量ゼロ」を自治体レベルで宣言している「ゼロカーボンシティ」は，2022年7月末時点で42都道府県を含む758自治体。人口規模では1億人を突破した。

❻農水省も独自に気候変動適応計画を策定。

❼これとは別に政府は熱中症対策行動計画も策定。

出る文

➡2020年，日本は2050年までに温室効果ガスの排出を実質ゼロにする「カーボンニュートラル」を目指すと宣言した。

➡2021年，政府は温室効果ガスの排出について，2030年度までに2013年度比で46％削減するとの新たな中期目標を決定した。

➡2021年の「地域脱炭素ロードマップ」は，2030年度までに少なくとも100か所の「脱炭素先行地域」をつくるとした。

➡政府は気候変動がもたらす被害の軽減に向け，具体策を盛り込んだ「気候変動適応計画」を定めている。

10
環境

脱炭素経営

出題可能性 ★★

企業にとって脱炭素社会への移行は発展のチャンス。で，ESGって何？

◇脱炭素経営

脱炭素社会の構築には企業の取組みが不可欠。誇らしいことに，日本企業は世界で進む各種活動に積極的に取り組んでいる。

たとえば日本は，気候変動への取組みを公表する**気候関連財務情報開示タスクフォース**への賛同企業数では世界一。使用電力で**再エネ100%を目指す企業イニシアティブ「RE100」**の参加企業数は，アメリカに次ぐ世界第2位だ。**パリ協定と整合した目標設定**に応じた企業数でも，米英に次ぐ世界第3位になっている。

世界で普及が進む**ESG金融**（環境保護Environment，社会課題Social，企業統治Governanceに配慮した金融）を利用する日本企業も急増中。2020年のESG金融の投資残高は2016年に比べて約6倍に増加した❶。

◇官民ファンド

地球温暖化対策推進法（p.132）は2022年5月に改正。脱炭素に向けた取組みを資金面から後押しするため，**新たな官民ファンドの設立**を定めた。再生可能エネルギーの導入や省エネにつながり，なおかつ採算が取れる事業に出資や貸し付けを行う。

新ファンドの名前は**「脱炭素化支援機構」**。政府が出資する200億円に民間の金融機関からの出資を加え，民間事業者が運営する。2050年のカーボンニュートラルの実現まで活動する予定だ。

❶ESG金融について政府は地方銀行等での普及も推進している。

🖊 建築物省エネ法

2022年の改正法は住宅を含むすべての新築の建物に，これまでオフィスビルが対象だった断熱性能などの省エネ基準を義務づけた。外壁の断熱性などを一定水準以上にすることで住宅の省エネ性能を高めるのがねらい。2025年度の施行を予定している。

出る文

➡ ESG金融は日本でも普及が進み，2020年の投資残高は2016年に比べて約6倍に増加した。

➡ 2022年の改正地球温暖化対策推進法に基づき，新たな官民ファンドとして「脱炭素化支援機構」が設立される。

エネルギー問題

出題可能性 ★★★

エネルギー安全保障と脱炭素の両立が課題。同時達成は至難の業！

◇エネルギー安全保障

地球環境の維持には温室効果ガスの排出削減がきわめて重要。そのためにはエネルギー源を太陽光や風力といった再生可能なものに変えていかなければならない。

とはいうものの，天候に左右されずにエネルギーを安定供給するには，化石燃料（原油・石炭・液化天然ガス）の利用も不可欠。そんななか，ロシアのウクライナ侵略が起き，制裁を課したG7各国は，必然的にロシア産の化石燃料からの依存脱却を図ることとなった[1]。

ちなみに日本の場合，**一次エネルギーの化石燃料依存度は約85%**。ほとんどすべてが輸入だ[2]。

一次エネルギーの自給率は約12%（2019年）[3]。日本にとっては脱炭素だけでなく，**エネルギー安全保障**も喫緊の課題となっている。

◇エネルギー基本計画

2021年，政府は**エネルギー基本計画**を改定。発電に使うエネルギーについて，2030年度の電源構成の目標値を示した。

総発電量に占める**再生可能エネルギー（再エネ）の目標割合は36〜38%に設定**。2019年度は18%だったので，約10年で2倍以上にするという野心的な目標だ[4]。

原子力発電の割合は20〜22%に引き上げ（2019年度は6%）。反対に，化石燃料を用いる火力発電は，2019年度の76%から2030年度には41%にまで減らす。

[1] 2021年時点で，日本は石炭の11%，液化天然ガスの9%，原油の4%をロシアから輸入（財務省「貿易統計」速報値）。

[2] 海外依存度は，原油99.7%，液化天然ガス97.7%，石炭99.6%（2020年）。

[3] 資源エネルギー庁「日本のエネルギー」2022年版による。自給率はOECD加盟国のなかでは35位。

[4] 水素やアンモニアを使った発電にも初めて言及。目標は2030年度に1%程度。

10 環境

出る文

➡ 日本の一次エネルギーの化石燃料依存度は約85%で，ほとんどすべてを輸入に頼っている。

➡ 2021年に改訂されたエネルギー基本計画は，2030年度の再生可能エネルギーの目標割合を36〜38%に設定した。

GX

出題可能性 ★★★

DXに続けとばかりに，GX＝グリーントランスフォーメーションが登場！

◆グリーンイノベーション

2020年，政府は「経済と環境の好循環」を掲げ，「グリーン成長戦略」を策定。2050年に向けて成長が期待される14の重点分野を列挙した。

そのうち**洋上風力発電**については，「再生可能エネルギーの主力電源化に向けた切り札」として重視。国内での普及に加え，アジア市場への展開を見据える。

水素については，カーボンニュートラルのキーテクノロジーと評価。自動車や発電での実用化を図る。

乗用車の新車販売については，**電動車100％**の期限を2035年と設定。充電インフラの整備も拡充する。

カーボンリサイクル分野では，二酸化炭素を直接回収する技術開発を強化。二酸化炭素を酸素と有機化合物に変える人工光合成の研究も進められている。

◆GX実現に向けた基本方針

2022年7月，政府は内閣官房に**GX（グリーントランスフォーメーション）実行会議**を設置。環境問題を解決しつつ，経済社会システムを変革していくための施策を検討してきた。

2022年12月，GX実行会議は「**GX実現に向けた基本方針**」を決定。基本方針とともに，今後10年間のロードマップ（工程表）も示した。

基本方針は，まずエネルギー安定供給の確保という現下の課題にGXの推進が役立つことを強調。徹底した省エネで製造業の構造転換を図るとともに，**再生可能エネルギーの主力電源化**を進めるとした。

原子力発電については，「脱炭素のベースロード（基幹）電源」と位置づけ，再稼働する方針を堅持。併せて，**次世代原子力発電所の開発・建設**も推進する。また，現在の「運転期間は40年，延長は20年まで」という原発管理のルールを一部修正。停止期間があった場合は，**60年を超える運転を容認**するとした。

✎ クリーンエネルギー戦略

2022年1月，政府は有識者会議を立ち上げて新たなエネルギー政策を議論。2022年5月の「中間整理」は，エネルギー安全保障と脱炭素効果をともに実現する手段として，再エネ・原子力を最大限活用するとした。

エネルギーを起点とした産業のGXについては，浮体式洋上風力発電，次世代太陽光パネル，革新的地熱発電といった再エネ関連の技術開発を列挙。建設分野では，小規模建築物と住宅の省エネ基準への適合を2025年度までに義務化し，2030年以降はすべての新築住宅や建築物について省エネ性能確保に向けた規制を行うとした。

10
環境

水素やアンモニアを使った発電技術については，「カーボンニュートラルに向けた突破口」との期待を表明。生産供給体制の構築やインフラ整備などを戦略的に進めるとした。

◇成長志向型カーボンプライシング構想

基本方針は，GXに必要となる投資の規模について，今後10年間で官民合わせて150兆円超と試算。巨額のGX投資を官民協調で行うため，「**成長志向型カーボンプライシング構想**」を実行していくとした。

この構想によると，政府は2023年度から「**GX経済移行債**」を発行。最終的には20兆円規模の資金を調達し，民間投資の「呼び水」とする**❶**。

GX経済移行債の償還に必要な財源は，「**カーボンプライシング制度**」によって調達することも明記。CO_2排出に価格をつけて企業に負担を求める。

その手法の1つは「**排出量取引制度**」。企業が削減目標を定めて，余剰分を市場で売ったり，不足分を市場から買ったりする制度のことだ。2023年度に自主参加による試行を開始。2026年度の本格稼働を目指す。

もう1つは，CO_2排出に金銭的負担を求める「**賦課金制度**」の導入。5年間の準備期間を設け，化石燃料の輸入事業者などを対象に，2028年度から実施する**❷**。

関連法案の提出は2023年。政府は，必要な見直しをしながら確実に実行していくとしている。

❶2023年度は1.6兆円を発行。

❷そのほか，発電事業者に対しては，排出枠の獲得に「有償オークション」を段階的に導入する。

🖊 脱炭素de豊かな暮らし運動

正式名称は「脱炭素につながる新しい豊かな暮らしを創る国民運動」。2022年10月にスタート。官民連携協議会を立ち上げ，10年後の新しい暮らしを提案していく。

出る文

→ 2020年の「グリーン成長戦略」は，洋上風力発電の普及を重視する姿勢を示した。

→ 政府は，2022年12月，環境問題を解決しつつ，経済社会システムを変革するための「GX実現に向けた基本方針」を決定した。

→ 2022年12月の「GX実現に向けた基本方針」では，原子力発電の再稼働，次世代型の開発建設，運転期間の延長が盛り込まれた。

→ 2022年12月の「GX実現に向けた基本方針」は，カーボンプライシング制度の導入を明記した。

10
環境

生物多様性

出題可能性 ★ ★ ★

2022年12月，生物多様性に関する新目標が決定。カギを握る数字は30！

2019年，**生物多様性及び生態系サービスに関する政府間科学政策プラットフォーム（IPBES）**は地球規模評価報告書を発表❶。過去50年間の地球上の種の絶滅が，人間活動の影響によって，過去1000万年平均の数十倍から数百倍の速度で進んでいると指摘し，対策を講じなければ生物多様性の喪失はますます進むと警告した。

IPBESはIPCC（p.130）と合同で，気候と生物多様性の関連も研究。生態系の保護は気候変動の緩和に通じるとして，両者を一体的に扱うことの大切さを強調した。

◆生物多様性条約締約国会議

生物多様性条約締約国会議は，2010年の会議（名古屋市）で，生物多様性の損失を止める緊急行動を「愛知目標」として決定。ところが10年たった2020年，国連は「愛知目標」が掲げた20の目標について，「完全に達成できたものはなかった」という残念な結果を発表した。

新たな国際的枠組みをつくるための第15回締約国会議は2回に分けて開催❷。2021年10月にオンライン併用で開催された閣僚級会議（中国の昆明）で方針を議論し，2022年12月の対面での閣僚級会議（カナダのモントリオール）で新たな世界目標を定めた。

2021年の第1部会議の参加国は，生物多様性の損失を少なくとも2030年までに逆転あるいは回復させることで合意。2022年には世界目標を採択するとした❸。

2022年12月，第2部会議では具体的目標を議論。150を超える国・地域が参加し，2030年までの新目標をまとめた「**昆明・モントリオール生物多様性枠組**」が採択された。

主要目標の1つは「**30by30（サーティ・バイ・サーティ）**」。**2030年までに世界の陸域と海域の少なくとも30％以上を保護区にする**という目標だ❹。

そのほか，外来種の侵入については，少なくとも50％

❶2012年に設立された政府間組織。

❷コロナの影響で1年半ほど遅れて開催。

❸この会議に合わせ，日本は途上国の生物多様性保護を支援すると表明。6年間で10億円を拠出するとした。具体的には，生態系を活用した防災・減災事業や生物保護区域の管理事業などを支援する。

❹愛知目標では陸域17％と海域10％を保護区にすることが盛り込まれたが，未達成。

✎ 外来生物法

2022年5月改正。ヒアリを念頭に緊急性の高い外来生物への対策を強化。広く飼育されている外来生物への規制手法を整備。

✎ 自然公園法

2021年の改正では，地域活性化での利用を容認。「保護と利用の好循環」を図る。

10
環境

削減という数値目標を明記。気候変動の生物多様性への影響については，最小化とレジリエンスの強化を掲げた。

資金支援については途上国と先進国が対立。既存の支援メカニズムに生物多様性を組み込み，官民で少なくとも年間2000億ドル（日本円でおよそ27兆円）を確保することで合意が得られた。

◇生物多様性国家戦略

日本は「生物多様性国家戦略」を改定**❺**。政府は「**2030年ネイチャーポジティブ（自然再興）」の実現**に向け5つの基本戦略を設定する。

第1の「**生態系の健全性の回復**」では，30by30目標の達成や野生生物の保護管理が課題。第2の「**自然を活用した社会課題の解決**」では，生態系再生による温室効果ガス対策や自然を活かした地域づくりなどを進める。

第3の「**生物多様性・自然資本によるリスク・機会を取り入れた経済**」では，生物多様性の保全につながる企業活動や農林水産業の拡大が目標。第4の「**生活・消費活動における生物多様性の価値の認識と行動**」では，環境教育や食品ロス対策を通して国民の行動変容を促す。第5の「**生物多様性に係る取組を支える基盤整備と国際連携の推進**」には，データツールの開発や人材育成も盛り込まれた。

各基本戦略の下には「あるべき姿（15の状態目標）」と「なすべき行動（24の行動目標）」を提示。具体的な指標を定めて実現を図っていく。

❺2023年3月までに閣議決定の予定。以下の内容は環境省が公表した素案に基づく。

🖉 SATOYAMA イニシアティブ

里山のような二次的自然地域の維持・再構築を通じて「自然共生社会の実現」を目指す国際的な取組み。日本政府は世界各国への普及を図っている。

🖉 レッドリスト

絶滅のおそれがある野生生物をランク別に整理。2020年の日本のリスト改訂版では絶滅危惧種は3716種。

10

環境

出る文

➡ 2022年の生物多様性条約締約国会議は，新たな国際目標として「昆明・モントリオール生物多様性枠組」を採択した。

➡ 生物多様性に関する世界目標には，2030年までに世界の陸域と海域の30％以上を保護区にするという「30by30」も含まれている。

➡ 生物多様性に関する途上国支援については，官民で少なくとも年間2000億ドルを確保することとなった。

➡ 2023年，日本は2030年のネイチャーポジティブ（自然再興）の実現を目指して，生物多様性国家戦略を改定する。

プラスチック資源循環

出題可能性 ★★

プラスチック資源循環促進法が成立。プラ削減への意識の高さを問う！

◆プラスチック資源循環戦略

2019年，政府はプラスチック資源循環戦略を策定。対策を強化してきた。

包装などで使われるワンウェイ（使い捨て）プラスチックについては，2030年までに25％の抑制を宣言[1]。プラスチックの容器包装については，2030年までに6割をリサイクルかリユースする。

プラスチックの再生利用も2030年をめどに倍増。生物由来の原料でつくられたバイオマスプラスチックの利用も，2030年には最大限（約200万トン）に高める[2]。

◆プラスチック資源循環促進法

2021年，プラスチック資源循環促進法が成立。プラスチックごみの削減・回収・リサイクルの促進を図る（2022年4月施行）。

使い捨てプラ製品を使用する事業者に対しては，政府が削減基準を設定。使用量が年5トン以上の事業者に削減義務を課し，取組みが不十分な場合には社名公表や罰金といった措置をとると定めた。

関連省令によって削減対象とされた使い捨てプラ製品は12品目。コンビニやスーパーが渡すストローやスプーン・フォークのほか，宿泊施設にあるヘアブラシや歯ブラシ，クリーニング店が使うハンガーなども対象だ。

事業者は有料化や未使用者へのポイント還元などの対策が必要。代替素材への転換も進むにちがいない。

[1] 2020年からすべての小売店でプラスチック製レジ袋の有料義務化が実施されている。

[2] 可燃ごみ袋など焼却するしかないプラ製品での利用が期待されている。レジ袋の有料義務化に関しても，バイオマスプラスチックの配合率が25％以上のものは対象外。

✎ 大阪ブルー・オーシャン・ビジョン

海洋プラスチックごみの発生を2050年までにゼロにするとのビジョン。日本が提案し，2019年のG20大阪サミットで共有された。

10 環境

出る文

➡ 2019年のプラスチック資源循環戦略は，ワンウェイプラスチックを2030年までに25％抑制すると宣言した。

➡ 政府は，2021年のプラスチック資源循環促進法に基づき，使い捨てプラ製品の提供事業者に向けた使用削減基準を定めた。

地域循環共生圏

出題可能性 ★★

環境省は「3つの移行」による経済社会のリデザインを提唱。公務員生活への移行も加えて！

◇第5次環境基本計画

2018年，政府は**第5次環境基本計画**を閣議決定[1]。基本理念に「環境政策による経済・社会の課題解決」を掲げ，**経済システムの構築**（再生可能エネルギーの導入促進や環境ビジネスの拡大等），**国土の価値の向上**（土地・海洋・水資源の維持や生態系を活用した防災・減災等），**地域資源の活用**（地域にあるエネルギー資源や自然資源の活用等）に力を入れるとした[2]。

基本計画は，脱炭素で持続可能な社会づくりに向けた新たな考え方として「**地域循環共生圏**」を提唱[3]。各地域で「自然と人間の共生」や「都市と農村の共生」を図り，健全な物質・生命の循環を実現する「循環共生型」社会の構築を図る。

◇地域循環共生圏（ローカルSDGs）

2021年，環境省は自省の施策の方向性を「3つの移行による経済社会のリデザイン（再設計）」と表現。「**脱炭素社会への移行**」「**循環経済への移行**」「**分散型社会への移行**」という「3つの移行」により，日本を持続可能で強靭な経済社会にデザインし直すと宣言した。

「3つの移行」を具現化するうえで重要になるのが，地域循環共生圏を通じた新たな地域づくり。環境省はこれを「**ローカルSDGs」と一体のもの**と位置づけし直し，普及に向けた取組みを強化している[4]。

[1] 環境基本計画は環境基本法に基づき6年ごとに策定される。

[2] 技術開発ではAIによる無駄の排除やドローンによる物流改革を促進。国際貢献では環境インフラの輸出にも力を入れる。

[3] 2018年の循環型社会形成推進基本計画（第4次）も，地域循環共生圏の形成を重視している。

[4] たとえば，ウェブサイト「地域循環共生圏づくりプラットフォーム」を通じて，取組み地域どうしの連携や企業との提携などを進めている。

10 環境

出る文

➡ 第5次環境基本計画は，脱炭素で持続可能な社会づくりに向けた新たな考え方として「地域循環共生圏」を提唱した。

➡ 環境省は，脱炭素社会，循環経済，分散型社会への「3つの移行」により，経済社会のリデザインを図るとしている。

環境の出る文穴埋めチェック

❶ 2021年のCOP26では，産業革命前からの気温上昇を（　　）度未満に抑える努力が国際公約に格上げされた。 →p.131

❷ 2020年，日本は2050年までに温室効果ガスの排出を実質ゼロにする「カーボン（　　）」を目指すと宣言した。 →p.133

❸ 2021年，政府は温室効果ガスの排出について，（　　）年度までに2013年度比で46％削減するとの新たな中期目標を決定した。 →p.133

❹ 2021年の「地域（　　）ロードマップ」は，2030年度までに少なくとも100か所の「（　　）先行地域」をつくるとした。 →p.133

❺（　　）金融は日本でも普及が進み，2020年の投資残高は2016年に比べて約6倍に増加した。 →p.134

❻ 2021年に改訂されたエネルギー基本計画は，2030年度の（　　）エネルギーの目標割合を36〜38％に設定した。 →p.135

❼ 2022年12月の「GX実現に向けた基本方針」は，（　　）プライシング制度の導入を明記した。 →P.137

❽ 2022年の（　　）条約締約国会議は，新たな国際目標として「昆明モントリオール目標」を採択した。 →p.139

❾ 生物多様性に関する世界目標には，2030年までに世界の陸域と海域の30％以上を保護区にするという「（　　）」も含まれている。 →p.139

❿ 政府は，2021年の（　　）促進法に基づき，使い捨てプラ製品の提供事業者に向けた使用削減基準を定めた。 →p.140

解　答

❶ **1.5**：COPは気候変動枠組条約締約国会議。

❷ **ニュートラル**：「実質ゼロ」とはCO_2の排出量から森林などの吸収量を差し引いた結果がゼロになること。

❸ **2030**：2050年までが「長期目標」。2030年度までが「中期目標」。

❹ **脱炭素**：先行地域からの「脱炭素ドミノ」により全国で実現させる。

❺ **ESG**：環境保護Environment，社会課題Social，企業統治Governanceに配慮した金融。

❻ **再生可能**：約10年で2倍以上にするという野心的な目標。

❼ **カーボン**：具体的には排出量取引制度や賦課金制度を導入する。

❽ **生物多様**：愛知目標から12年ぶりに国際目標が採択された。

❾ **30by30**：2022年の昆明・モントリオール生物多様性枠組に盛り込まれた。

❿ **プラスチック資源循環**：使用量が年5トン以上の事業者が対象。

10
環境

第11章

第11章

司法警察

刑法

出題可能性 ★★★

「懲役」と「禁錮」がなくなって「拘禁刑」に。話題性のある「侮辱罪」の厳罰化にも留意！

2022年6月，**改正刑法が成立**❶。「拘禁刑」の創設や「侮辱罪」の法定刑の引き上げなどが定められた❷。

◇拘禁刑

改正法は**「懲役」と「禁錮」を廃止**❸。**「拘禁刑」に一本化する**。刑の種類が見直されるのは，明治40年（1907年）に刑法が制定されてから初めてのことだ。

新設される拘禁刑は「改善更生を図るため」の刑。懲らしめるための刑から更生させるための刑へと転換し，再犯防止を促す。

拘禁刑では，刑務作業や更生に向けた指導などを受刑者の年齢や特性に応じて実施。柔軟な処遇ができるようになる。

◇侮辱罪

近年，インターネット上の誹謗中傷が社会問題化。自殺に追い込まれる人も出た。

誹謗中傷への対策を強化するため，改正法は公然と人を侮辱した者に適用される**「侮辱罪」を厳罰化**。懲役刑を導入し，法定刑の上限を引き上げた。

改正前の侮辱罪の法定刑は「拘留（30日未満）または科料（1万円未満）」のみ。改正法は，法定刑に**「1年以下の懲役・禁錮または30万円以下の罰金」**を追加した。

これに伴い，公訴時効期間も1年から3年に延長❹。公訴までの時間にゆとりもできる。

---

❶一部を除き，公布日から3年以内に施行。「侮辱罪」関連は2022年7月施行。

❷左記のほか，刑の執行猶予制度の拡充等も定めた。

❸刑務作業が義務づけられるのが「懲役」，義務づけられないのが「禁錮」。

❹刑事訴訟法の定めによる。

プロバイダ責任制限法
2021年の改正法は，インターネット上で誹謗中傷された被害者を迅速に救済するため，発信者情報を1回の手続きで開示できる新たな裁判手続きを創設（2022年10月施行）。

司法警察

出る文

→ 2022年の改正刑法により，「懲役」と「禁錮」が廃止され，「拘禁刑」に一本化される。

→ 2022年の改正刑法は，公然と人を侮辱した者に適用される「侮辱罪」の法定刑の上限を引き上げた。

民法（親子法制）

出題可能性 ★★★

2022年の改正法は，「嫡出推定」を見直し。「懲戒権」もなくした！

2022年12月，**改正民法等が成立**❶。親子法制にかかわる定めが改められた。

◆ 嫡出推定の見直し

民法は，子どもの父親について「離婚の日から300日以内に生まれた子は前夫の子と推定する」と規定。これを避けるため，母親が出生届を出さず，子が無国籍者になるケースが出ているという。

改正法は「嫡出推定」制度を見直し。**「再婚した場合は，離婚の日から300日以内に生まれた子でも今の夫の子」とする例外規定を設けた**。女性だけに設けられていた「離婚から100日間の再婚禁止期間」も廃止する❷。

「嫡出推定」に基づく父子関係を否認する**「嫡出否認」制度も拡充**。父親だけに認めていた嫡出否認権を子どもと母親等にも拡大する。嫡出否認の訴えができる期間も延長。「1年以内」から「原則3年以内」に改める❸。

◆懲戒権の削除

改正法は，親権者が子どもを懲戒できるとする**「懲戒権」の規定を削除**。さらに，**子どもに対する体罰や，心身の健全な発達に有害な影響を及ぼす言動の禁止**を新たに定めた。

今回の民法改正の背景にあるのは「しつけ」を口実とした児童虐待の問題。この改正により，被虐待児が少なくなることを祈りたい。

❶一部を除き，2022年12月から1年6か月以内に施行。

❷民法には，「結婚（再婚）の日から200日を経過して生まれた子は今の夫の子と推定する」との規定もある。女性の再婚禁止期間は，前夫と今の夫が重複して父親と推定されるのを防ぐために設けられていた。

❸子どもについては，一定の要件を満たす場合，21歳になるまで訴えができる。

11

司法警察

出る文

➡ 2022年の改正民法は，「再婚した場合は，離婚の日から300日以内に生まれた子でも今の夫の子」とする例外規定を設けた。

➡ 改正民法は，「懲戒権」に関する規定を削除し，子どもに対する体罰などの禁止を新たに定めた。

民事訴訟法

出題可能性 ★★

民事裁判でも進む手続きのオンライン化。六法関連は時事でも出るかも！

◇民事裁判手続きのIT化

2022年5月，**改正民事訴訟法が成立**❶。提訴から判決までのすべての手続きをオンラインでできるようにする。民事裁判の迅速化・効率化を進め，国民が利用しやすくするのがねらいだ。

裁判所への訴状等は紙でもオンラインでも提出可能。ただし弁護士等にはオンラインでの提出を義務づける。

口頭弁論についても，裁判所に出頭せずにウェブ会議の活用を容認❷。証人尋問についても，裁判所や当事者が認めた場合，ウェブ会議を活用できる。

また，裁判所は原則として訴訟記録や判決を電子化。当事者等がオンライン上で閲覧・ダウンロードできるようにする。

◇新たな審理手続き等

改正法は，**法定審理期間訴訟手続を創設**。民事裁判の審理期間に期限を設ける訴訟手続きだ。原告と被告の双方が同意すれば，手続き開始から6か月以内に審理を終え，その後1か月以内に判決を言い渡す❸。

このほか，**犯罪被害者の名前や住所などを相手方に秘匿できる制度**を創設。相手方に知られると社会生活を営むのに著しい支障が生じるおそれがある場合に利用する。性犯罪やDV（配偶者からの暴力）の被害者などを念頭に置いた改正だ。

❶公布日から4年以内に段階的に施行。

❷離婚調停の手続きもウェブ会議を活用できるようになる。

❸ただし，消費者契約や個別労働紛争に関する訴えは対象外とする。

司法警察

出る文

→ 2022年の改正民事訴訟法は，民事裁判について提訴から判決までのすべての手続きをオンラインでできるように改めた。

→ 改正民事訴訟法は，開始から6か月以内に審理を終え，その後1か月以内に判決を言い渡す「法定審理期間訴訟手続」を創設した。

成年年齢引き下げ

出題可能性 ★★

いよいよ2022年4月から成年年齢は18歳へ引き下げ。でも酒やたばこは20歳から！

◇成年年齢

2018年，成年年齢（成人年齢）を20歳から18歳に引き下げる改正民法が成立。2022年4月に施行された❶。

成年年齢の見直しは，1876年（明治9年）の太政官布告以来，およそ140年ぶりの大きな出来事。民法上も，1896年の制定以来，成年年齢はずっと20歳だった。

民法の定めによると，成年年齢とは単独で有効な契約を締結できる年齢❷。そして親権に服することがなくなる年齢でもある。

◇その他の年齢要件

改正民法は**女性の婚姻開始年齢を18歳に引き上げ**。改正前は女性が16歳で男性が18歳だったが，改正で**男女の婚姻開始年齢が18歳に統一**された。

成年年齢の引き下げで年齢要件が20歳から18歳になるのは，国籍法の帰化要件や性別取扱いの変更審判など。また，10年有効パスポートの取得や，公認会計士などの国家資格の取得も18歳から可能になる。

ただし，**酒やたばこの年齢制限は20歳を維持**。公営競技（競馬，競輪，オートレース，モーターボート競走）の投票券購入年齢も20歳のままだ。

そのほか，養親年齢（養子をとることができる年齢）も従来どおり20歳。国民年金の被保険者資格も20歳からだ。

❶国民投票法の投票権年齢や，公職選挙法における選挙権年齢は，すでに18歳である。

❷未成年者が親の同意を得ずに契約した場合には，原則として契約を取り消せる（未成年者取消権）。

出る文

➡ 民法の改正により，2022年4月から成年年齢は18歳に引き下げられた。

➡ 改正民法は，女性の婚姻開始年齢を16歳から18歳に引き上げ，男女の婚姻開始年齢を統一した。

11

司法警察

所有者不明土地

出題可能性 ★★

2021年，所有者不明土地の解消に向けた関連法が成立。発生を予防し，土地利用を円滑化！

◇所有者不明土地の問題

所有者不明土地とは，所有者がわからない土地，あるいは所有者が所在不明で連絡がつかない土地。近年増加し，問題となっている❶。

こうした土地は，放置されていることも多く，所有者を見つけるのに時間と費用が必要。加えて，共有者が多数いたり，一部が所在不明だったりすると，土地の管理・利用に必要な合意形成も難しい。

このため**土地の利活用が阻害**され，民間取引ができなかったり，用地買収ができずに公共事業や復旧・復興事業が進まなかったりする。隣接地に悪影響が出ているケースもある。

◇民法等の改正と相続土地国庫帰属法

2021年，**改正民法等と相続土地国庫帰属法**が成立（2023年4月以降順次施行）❷。所有者不明土地の解消に向け，発生予防と利用の円滑化を図る。

改正法は不動産登記制度を見直し，**相続登記や住所変更登記の申請を義務化**❸。ただし，その手続きを簡素化・合理化する。また，新法で**相続土地国庫帰属制度を創設**❹。土地を手放しやすくする。

さらに，土地利用に関する民法の規定も改正。所有者不明土地・建物管理制度の創設，共有者が不明な場合の共有地の利用を円滑化する仕組みの整備，長期間経過後の遺産分割の見直しなどを定めた。

❶増加した理由は，相続登記の申請が義務化されていなかったこと，地方を中心に土地利用ニーズが低下していること，遺産分割をしないまま相続が繰り返されて土地共有者が増えたこと等。

❷改正不動産登記法を含む。

❸相続登記は取得を知った日から3年以内，住所変更登記は住所変更日から2年以内の申請を義務づける（正当な理由のない申請漏れには過料が科される）。

❹相続等で取得した不要な土地を国に引き取ってもらえる制度。要件があり，法務大臣の承認が必要。10年分の管理費相当額を支払う。

- ➡ 2021年の改正民法等は，所有者不明土地の発生を予防するため，不動産の相続登記や住所変更登記の申請を義務化した。
- ➡ 2021年の相続土地国庫帰属法は，土地を手放しやすくするため，相続した土地を国庫に帰属できる制度を創設した。

11 司法警察

個人情報保護法

出題可能性 ★★

取扱いが気になる個人情報。個人の権利利益保護と個人データの利活用のバランスが大事！

◇個人の権利利益保護と企業への規制

2020年，改正個人情報保護法が成立（2022年4月全面施行）。個人の権利利益を保護するための措置等を整備した。

改正法は**個人情報の利用停止・消去等を企業に求める請求権に関する要件を緩和**。不正取得等に限らず，個人の権利や正当な利益が害されるおそれがある場合にも請求できるようにした❶。

改正法は**企業への規制を強化**。一定数以上の個人データが漏えいし，個人の権利利益を害するおそれがある場合，個人情報保護委員会への報告と本人への通知を義務化した❷。

このほか，委員会の命令への違反や虚偽報告にかかわる法定刑を引き上げ。特に法人については，罰金刑の最高額を1億円に引き上げた。

◇データの利活用

改正法は，データの利活用を進めるため，氏名等を削除した「**仮名加工情報**」を創設。企業が内部分析だけに使うことを条件に，個人からの開示・利用停止請求の対象外とした。

また，提供元では個人データに該当しないが，提供先で個人データとなることが想定される「**個人関連情報**」の提供を制限❸。提供する際には，本人の同意が得られていることを確認しなければならなくなった。

❶このほか改正法は，個人データの授受に関する第三者提供記録を本人が開示請求できると定めた。

❷個人情報保護委員会は独立行政委員会。

❸「リクナビ」が就活生のウェブサイトの閲覧履歴等から推測した内定辞退率を企業に販売していた事件を受け，規制が強化された。

2021年の改正

2021年の改正個人情報保護法は，民間事業者，国，独立行政法人で別々だった法律を一本化。地方についても全国的な共通ルールを定めた。また，個人情報にかかわる全体の所管を個人情報保護委員会に一元化。

11
司法警察

出る文

➡ 2020年の改正個人情報保護法は，個人の権利利益が害されるおそれがある場合にも，個人情報の利用停止・消去を請求可能とした。

➡ 改正個人情報保護法は，データの利活用を進めるため，氏名等を削除した「仮名加工情報」を創設した。

著作権法

出題可能性 ★★★

改正続きの著作権法。盛りだくさんだけど見逃さないで！

著作権法は2020年と2021年に改正。2020年の改正法では，インターネット上の海賊版対策が強化された。

2021年の改正法では，図書館がかかわる「権利制限規定」を見直し。また，放送番組をインターネットで同時配信しやすくするよう，規定を改めた。

◇海賊版対策の強化

2020年の改正により，**違法にアップロードされたものだと知りながら著作物をダウンロードすることは，私的に使用する目的であっても，原則として違法**（2021年1月施行）❶。改正前は映像と音楽に限られていたが，漫画や書籍，論文，コンピュータプログラムなど，すべての著作物が対象となった。

改正法は**特に悪質な場合について刑事罰を規定**❷。正規版が有償で提供されている著作物を反復・継続してダウンロードする場合だ。

◇リーチサイト・リーチアプリ対策

海賊版による被害を深刻化させているのが，違法にアップロードされた著作物へのリンクを集約した「リーチサイト」や「リーチアプリ」。そこで2020年の改正法は，**リーチサイト・リーチアプリ対策も定めた**（2020年10月施行）。

改正法はリーチサイト等の運営行為を刑事罰化❸。また，違法にアップロードされた著作物へのリンクをリーチサイト等で提供することについては，著作権等を侵害する行為とみなし，民事上・刑事上の責任を問えるようにした❹。

このほか2020年の改正法は，著作権者から許諾を受けて著作物を利用する権利に対抗制度を導入（2020年10月施行）。著作権を譲り受けた者やその他の第三者に対抗できるとした。

❶ただし，スクリーンショットやライブ配信での写り込み，漫画の1～数コマなどの「軽微なもの」のダウンロード，二次創作・パロディのダウンロード，著作権者の利益を不当に害しないと認められる特別な事情がある場合のダウンロードは，違法対象から除外。

❷2年以下の懲役もしくは200万円以下の罰金（併科も可能）。親告罪（権利者の告訴が必要）。

❸5年以下の懲役もしくは500万円以下の罰金（併科も可能）。親告罪。

❹刑事罰は故意犯のみで，3年以下の懲役もしくは300万円以下の罰金（併科も可能）。親告罪。

11
司法警察

◆図書館の権利制限規定の見直し

著作権法は著作権保護のための法律。他人の著作物を利用する際，原則として著作権者の許諾を要すると定めている。ただし，特定の場合には著作権が制限され，許諾を得なくても自由な利用が可能。これを「権利制限規定」という。2021年の改正法は**図書館関係の権利制限規定を見直した**。

改正法は以下の2つを規定❺。①国立国会図書館は絶版資料などのデータを直接利用者に送信できる，②権利者保護の厳格な要件の下，図書館は著作物の一部を調査研究目的の利用者にメールなどで送信できる❻。その際，図書館が権利者に対し補償金を支払うことを求める。

◆放送番組のインターネット同時配信

2021年の改正法は，**放送番組のインターネット同時配信等について，著作物の利用を円滑化**（2022年4月施行）❼。放送と同じように著作物を利用できるようにした。

改正法のポイントは4つ。①放送での権利制限規定を同時配信等に拡充❽，②「許諾推定規定」を創設（放送番組での利用を認める契約の際，同時配信等での利用も許諾したと推定する），③権利者の許諾を得るのが難しい「レコード・レコード実演」や「映像実演（俳優の演技等）」の同時配信等での利用を円滑化❾，④権利者との協議が整わない場合に「文化庁の裁定を受けて著作物等を利用できる制度」を同時配信等に拡充する。

❺施行は①が2022年5月。②が2021年6月から2年以内。

❻厳格な要件とは，電子出版等の市場を阻害しないこと，利用者によるデータの不正拡散防止措置をとること，実施できる図書館を制限すること等。

❼「追っかけ配信」や一定期間の「見逃し配信」も対象。

❽学校教育番組等が対象。

❾事前許諾を不要としつつ，放送事業者が権利者に報酬を支払うことを求める。

出る文

➡ 2020年の改正著作権法は，違法にアップロードされたことを知りながら著作物をダウンロードすることを原則として違法とした。

➡ 改正著作権法は，違法にアップロードされた著作物へのリンクを集約したリーチサイト等の運営行為とリンク提供行為を規制した。

➡ 2021年の改正著作権法は，一定の条件の下，図書館は著作物の一部を調査研究目的の利用者にメールなどで送信できると定めた。

➡ 改正著作権法は，放送番組のインターネット同時配信等での著作物の利用を円滑化するための措置を定めた。

11

司法警察

犯罪の動き

出題可能性 ★★

刑法犯の認知件数は着実に減少中。警察官志望者にもうれしい1問を！

刑法犯の認知件数は，戦後最悪だった2002年をピークに19年連続で減少。2021年は前年より4万6127件減って56万8104件となり，戦後最少を更新した❶。

◇ストーカーやDVによる被害

2021年のストーカー事案の相談等の件数は1万9728件。ストーカーによる被害はコロナ禍でも多発した。

2021年の改正ストーカー規制法は対象行為を拡大（同年施行）。①GPS機器などによる位置情報の無承諾取得等❷，②現に所在する場所付近での「見張り」等，③拒まれたにもかかわらず手紙などの「文書」を連続して送り付ける行為，を追加した。

2021年はDV（配偶者からの暴力）の被害が増加。警察に寄せられた相談等の件数は8万3042件に及び，DV防止法が施行された2001年以降の最多を更新した。

◇サイバー犯罪

近年，IT技術やネットワークを悪用した「サイバー犯罪」の危険性が増大❸。2021年のサイバー犯罪の検挙件数は，前年より2334件（23.6％）増えて1万2209件となり，過去最多を記録した。

増えているのがランサムウェアによる被害❹。最近は手口も悪質化し，データを使用不能にしたうえに，盗んだデータを公開すると脅して金銭を要求するダブルエクストーション（二重恐喝）も見られるようになった。

❶以下の統計数値は，2022年の『警察白書』による。

❷相手のスマホに無断で位置情報共有アプリを入れて位置情報を取得することや，相手の自動車に無断でGPS機器を取りつけること等。

❸警察庁も体制を強化（2022年4月，警察庁にサイバー警察局，関東管区警察局にサイバー特別捜査隊を新設）。

❹感染すると端末等にあるデータを暗号化して使用できない状態にし，データを復号する対価として金銭を要求する不正プログラム。2021年の警察への報告件数は146件。

出る文

➡ 刑法犯の認知件数は，2002年をピークに19年連続で減少し，2021年には56.8万件となり，戦後最少を更新した。

➡ 2021年の改正ストーカー規制法は，GPS機器等を使った位置情報の無承諾取得などを規制対象に追加した。

11 司法警察

少年法

出題可能性 ★ ★ ★

2021年に少年法が改正。18・19歳は「特定少年」として厳罰化！

◇少年法の改正

2021年，改正少年法が成立（2022年4月施行）。成年年齢や選挙権年齢が20歳から18歳に引き下げられたことを受けた改正だ。

改正後も18・19歳は少年法の適用対象。事件はすべて家庭裁判所に送られ，家庭裁判所が処分を決定する❶。ただし，**18・19歳については「特定少年」と規定**。17歳以下とは異なる取扱いをする。

改正法は，特定少年について，家庭裁判所が原則として逆送の決定をしなければならない「**原則逆送対象事件」を拡大**❷。18・19歳で犯した強盗罪，強制性交等罪，組織的詐欺罪，現住建造物等放火罪なども対象となった❸。しかも，逆送決定後，特定少年は20歳以上の者と同様に取り扱われる❹。

少年事件の犯人の実名・写真等の報道禁止規定も見直し。**特定少年による事件が起訴された場合は，報道を解禁する**（略式起訴を除く）。

◇少年犯罪の動き

2021年の刑法犯少年の検挙人員は**18年連続の減少**。前年より2648人（15.2％）減少し，1万4818人となった。

とはいえ，人口1000人当たりの検挙人員は，少年では2.2人。成人（1.5人）と比べ，引き続き高い水準だった。

❶家庭裁判所が決定する処分には，逆送（検察官送致）や保護処分（少年院送致や保護観察等）などがある。

❷逆送されると，検察官によって刑事裁判所に起訴され，刑事裁判で有罪になれば刑罰が科される。

❸改正前は，16歳以上の少年の時に犯した故意の犯罪行為で被害者を死亡させた事件のみが対象だった。改正により，死刑，無期または1年以上の懲役・禁錮に当たる罪の事件を対象に追加した。

❹特定少年については，刑罰内容も20歳以上と同様となる。

11

司法警察

出る文

➡ 2020年の改正少年法は，18・19歳の者を「特定少年」と定め，原則として逆送されなければならない対象事件を拡大した。

➡ 少年法の改正により，特定少年による事件が起訴された場合，犯人の実名・写真等の報道が解禁された。

道路交通法

出題可能性 ★★★

近年，道交法は改正続き。限定地域でのレベル４の自動運転も許可される！

◆「あおり運転」対策

2020年の改正道路交通法（以下，道交法）は，いわゆる「あおり運転」を「妨害運転」と規定。罰則を設けた（2020年6月施行）。

改正により，ほかの車両等の通行を妨害する目的で，車間距離を詰めたり，急ブレーキをかけたりするといった違反行為は「妨害運転」として取締りの対象❶。3年以下の懲役または50万円以下の罰金に処せられるようになった。

妨害運転により，著しい危険を生じさせた場合（高速道路上で他の車を停止させる等）は，さらに重刑化。5年以下の懲役または100万円以下の罰金に処せられる❷。

妨害運転は1回の違反で免許取り消し。行政処分も厳しくなった。

◆高齢運転者対策

75歳以上の運転免許保有者数は増加傾向。2009年に324万人だったのが，2019年には583万人に増え，2024年には760万人ほどになると見込まれている。高齢運転者が起こした悲惨な死亡事故も発生している。

2020年の改正道交法は，高齢運転者の事故対策を強化（2022年5月施行）。**75歳以上で一定の違反歴のある運転者に，運転免許証を更新する際，「運転技能検査」を義務づけた。**更新期限の6か月前から何度でも受検できるが，期限までに基準に達しないと免許の更新はなされない。

また，安全運転サポート車（サポカー）のみを運転できる免許を創設。サポカーとは，自動ブレーキ等の先進安全機能を備えた車のことだ。

◆特定自動運行の許可制度

2022年の改正道交法は，運転者がいない状態での自動運転（いわゆる「レベル4」に相当）を「特定自動運

❶改正法は，違反行為として10の類型を定めている。

❷同時に成立した改正自動車運転死傷行為処罰法は，あおり運転による死傷事故を危険運転致死傷罪に追加。

運転手不足対策

2020年の改正法は，深刻な運転手不足の解消に向け，特別な教習を修了した者について第二種免許・大型免許等の受験資格を緩和。

交通事故の状況

2021年の交通事故死者数は2636人。前年より203人（7.2%）減少し，現行統計開始以降で最少となった。なお，65歳以上の高齢者の割合は57.7%。

交通事故の負傷者数と交通事故発生件数は17年連続で減少。負傷者数は前年比2.0%減の36.2万人，発生件数は前年比1.3%減の30.5万件（2022年の『交通安全白書』）。

11
司法警察

行」と規定。限定地域において遠隔監視のみで無人自動運転移動サービスを行う特定自動運行の許可制度を創設した（2023年4月施行）❸。

サービス事業者は，都道府県公安委員会に運行計画を提出し，許可を得ることが必要。運行にあたっては，遠隔の監視装置を設置し，監視する者（特定自動運行主任者）を配置しなければならない。交通事故等の場合には，特定自動運行主任者等による対応を義務づける。

◇新たなモビリティの交通ルール

2022年の改正道交法は，最高速度や大きさが一定基準内の電動キックボード等を「**特定小型原動機付自転車**」と規定。交通ルールを定めた（2022年4月から2年以内に施行）。

特定小型原動機付自転車の運転に免許証は不要。ただし，16歳未満の運転は禁止する。運転時のヘルメットの着用は努力義務❹。原則として車道通行だが，最高速度が一定以下のものは例外的に歩道を通行できる。違反行為については，交通反則通告制度や放置違反金制度を適用。危険な違反行為を繰り返す者には講習の受講を命ずる。

また改正法は，最高速度や大きさが一定基準内の自動配送ロボット等を「**遠隔操作型小型車**」と規定。歩行者と同様の交通ルール（歩道・路側帯の通行，横断歩道の通行等）を適用するとした。使用するには，都道府県公安委員会への届け出が必要となる（2023年4月施行）。

❸廃線跡などでの無人巡回バスなどを想定。

❹すべての自転車利用者にも乗車用ヘルメットの着用を努力義務化。

運転免許証とマイナカードの一体化

2022年の改正道交法により，希望者は運転免許情報をマイナンバーカードに記録できるようになる（2024年度末までに施行）。

第11次交通安全計画

2021年策定。2025年までに①死者数を2000人以下，②重傷者数を2万2000人以下とすることを目標に掲げている。

出る文

➡ 2020年の改正道路交通法は，いわゆる「あおり運転」を「妨害運転」と定め，罰則を設けた。

➡ 改正道路交通法は，75歳以上で一定の違反歴のある運転者に運転免許証を更新する際，「運転技能検査」を義務づけた。

➡ 2022年の改正道路交通法は，限定地域において遠隔監視のみで無人自動運転を行う際の許可制度を創設した。

➡ 改正道路交通法は，電動キックボード等の交通ルールを定め，また自動配送ロボット等の届け出制度を新設した。

11

司法警察

155

司法警察の出る文穴埋めチェック

❶ 2022年の改正刑法により，「懲役」と「禁錮」が廃止され，「（　　　）」に一本化される。　→p.144

❷ 2022年の改正民法は，「再婚した場合は，離婚の日から300日以内に生まれた子でも（　　　）の子」とする例外規定を設けた。　→p.145

❸ 民法の改正により，2022年4月から（　　　）年齢は18歳に引き下げられた。　→p.147

❹ 2021年の改正民法等は，（　　　）土地の発生を予防するため，不動産の相続登記や住所変更登記の申請を義務化した。　→p.148

❺ 2020年の改正（　　　）保護法は，個人の権利利益が害されるおそれがある場合にも，（　　　）の利用停止・消去を請求可能とした。　→p.149

❻ 2020年の改正著作権法は，違法にアップロードされたことを知りながら著作物を（　　　）することを原則として違法とした。　→p.151

❼ 2021年の改正著作権法は，一定の条件の下，図書館は著作物の一部を調査研究目的の利用者に（　　　）などで送信できると定めた。　→p.151

❽ 2021年の改正（　　　）規制法は，GPS機器等を使った位置情報の無承諾取得などを規制対象に追加した。　→p.152

❾ 2020年の改正少年法は，18・19歳の者を「（　　　）」と定め，原則として逆送されなければならない対象事件を拡大した。　→p.153

❿ 改正道路交通法は，75歳以上で一定の違反歴のある運転者に運転免許証を更新する際，「（　　　）」を義務づけた。　→p.155

解　答

❶ **拘禁刑**：受刑者の年齢や特性に応じた処遇をする。

❷ **今の夫**：女性の「離婚から100日間の再婚禁止期間」は廃止する。

❸ **成年**：「成人」でもOKだが，民法上は成年。

❹ **所有者不明**：同時に，登記の手続きを簡素化・合理化する。

❺ **個人情報**：個人情報の利用停止・消去の請求権に関する要件を緩和した。

❻ **ダウンロード**：改正により，ダウンロード規制の対象を音楽・映像から漫画や書籍，論文，コンピュータプログラムなどすべての著作物に拡大した。

❼ **メール**：利用者の利便性向上が期待されている。

❽ **ストーカー**：規制対象行為を拡大した。

❾ **特定少年**：17歳以下とは異なる取り扱いをする。

❿ **運転技能検査**：期限までに基準に達しないと免許の更新はなされない。

11
司法警察

第12章

社会問題

防災対策

出題可能性 ★ ★ ★

温暖化の影響なのか豪雨災害が増加。地震や噴火の危険も忘れないでね！

◇防災意識の向上

　防災対策で重要なのは，自分と家族で行う「自助」と近隣社会で助け合う「共助」。「公助」があっても頼り切りにならず，**自助・共助で事前防災や災害対策に取り組むこと**が被害の軽減につながる。

　国民一人ひとりが災害を「自分事」としてとらえ，「自らの命を自らが守る」「地域住民で助け合う」という防災意識を持った地域社会を構築することが大切だ。

　2013年の改正災害対策基本法は，自治会や小学校区等を範囲とした地域の居住者が，市町村とともに**地区防災計画**を策定することを推奨。2022年の『防災白書』によると，2021年4月時点ですでに2030の地区が防災計画を作成済みで，さらに5000以上の地区が作成活動中だという。

　災害への備えでは**企業の事業継続体制の構築**も重要。2022年1月時点の策定率は大企業で70％ほど，中堅企業では40％ほどなので，政府はガイドラインを示して策定を促している**❶**。

　防災教育では，2022年に閣議決定された**第3次学校安全の推進に関する計画**が具体的取組みをリストアップ。地域の災害リスクを踏まえた教材の作成や実践的な防災訓練などを実施する。

◇災害対策基本法・防災基本計画

　2021年，**改正災害対策基本法が成立**。市町村は高齢者・障害者等の「避難行動要支援者」ごとに「個別避難計画」の作成に努めることとなった**❷**。

　改正法は**災害対策の実施体制も強化**。災害発生の「おそれ段階」で，国は災害対策本部を設置し，災害救助法を適用できるようになった。

　災害対策基本法の改正を踏まえ，2021年には**防災基本計画も修正**。避難所における感染症対策の強化も盛り込まれた。

✎ 水防災

　2020年，政府は水循環基本計画を刷新。気候変動による水災害の激甚化への対応強化を盛り込んだ。

　2021年には改正特定都市河川浸水被害対策法が成立。浸水リスクが高い河川沿いの地域を「浸水被害防止区域」に指定するなど，氾濫対策を強化した。

❶災害時の業務継続体制の策定率は中央官庁では100％，地方自治体では97％になっている。

❷市町村に義務づけられている「避難行動要支援者名簿」の作成はすでに約99％の市町村が実施。しかし個別避難計画を作成した自治体はまだ少なく，今回の改正で普及促進が図られた。

12
社会問題

市町村が発令する避難情報に付けられる**5段階の警戒レベルの表現も変更❸**。実際に避難が始まる警戒レベル3を「高齢者等避難」に，警戒レベル4を「避難指示」に改め，より明確に全員避難を呼びかけることとした❹。

また，すでに災害が発生している状況で出される警戒レベル5は，「災害発生情報」から「**緊急安全確保**」に表現を変更。命が危険な状況である点を強調した。

◇地震対策

西日本の南方沖合にある南海トラフ（海底の溝状地形）では，歴史上何度も大地震が発生。この**南海トラフ地震**については，30年以内に確率70～80％でマグニチュード8～9の地震が発生すると考えられている。

2019年に修正された**南海トラフ地震防災対策推進基本計画**では，震源域の東西どちらか半分で地震が起きたとき（半割れ）の対応を決定。後発地震に備え，被害のない半分でも「1週間の避難態勢」を取ることとした。

一方，北海道から東北の太平洋側では，**日本海溝・千島海溝沿いの海溝型地震**の地震が懸念材料。2022年，政府は発生時の被害想定を基に，防災対策を公表した。

この地震被害の特徴は，津波，建物・ライフライン・インフラの被害，被害発生エリア（北海道から千葉県まで）がいずれも大きいこと。積雪寒冷地であることや全国からの応援に時間がかかることも踏まえ，今後，避難所の防寒対策や必要物資の備蓄などに取り組む。

❸大雨警報や洪水警報等の防災気象情報は気象庁が発表。土砂災害警戒情報や河川の氾濫危険情報は国・都道府県が発表する。

❹以前のレベル3は「避難準備・高齢者等避難開始」。レベル4は「避難勧告・避難指示」だった。ちなみに，警戒レベル1では住民に「災害への心構え」を通知。警戒レベル2で「避難方法の確認」を促す。

✎ ISUT（アイサット）

災害情報の集約・提供を担当する「災害時情報集約支援チーム」の略称。国，地方，民間が持つ災害現場の情報を収集・整理。それを地図化して，物資輸送や人員配置に役立てる。

出る文

➡地域（自治会や小学校区等）の居住者が市町村とともにつくる「地区防災計画」は，すでに2000以上の地区で策定されている。

➡2021年の改正災害対策基本法は，避難行動要支援者ごとの個別避難計画の作成を市町村の努力義務とした。

➡防災基本計画は2021年に修正され，避難所における感染症対策の強化が図られることになった。

➡日本海溝・千島海溝沿いの海溝型地震については，積雪寒冷地であることなどの特徴を踏まえ，新たな対策が進められている。

12

社会問題

国土強靭化

出題可能性 ★★

災害に強い国になるためには不可欠。目指すは「強くて，しなやかなニッポン」！

国土強靭化（ナショナル・レジリエンス）への取組みが始まったのは2013年。**国土強靭化基本法**が成立し，内閣に**国土強靭化推進本部**が設置され，**国土強靭化基本計画**が策定された。それから10年。新たな基本計画の準備が進められている❶。

❶新計画は2023年末までに策定予定。

◆国土強靭化対策

2020年，政府は「**防災・減災，国土強靭化のための5か年加速化対策**」を閣議決定❷。災害に屈しない強靭な国土づくりを目指して，2021年度からの5年間に実施する123の具体策を掲げた。

中心分野は，**激甚化する風水害や切迫する大規模地震等への対策**（78施策）。おおむね15兆円となる事業規模の8割ほどがここに投じられる。そのほか**老朽化したインフラの予防保全**（21施策）や**国土強靭化施策のデジタル化**（24施策）が重点分野に挙げられた。

❷2018年からの「防災・減災，国土強靭化のための3か年緊急対策」の後継となる。この「緊急対策」については，盛り込まれた160施策の96%が目標達成あるいは達成見込みとなった。

◆盛土規制法

2021年，大雨のため静岡県熱海市で盛土が崩落。土石流が起きて大きな人的・物的被害が出た。

これを受け，宅地造成等規制法が2022年5月に改正。法律名を**宅地造成及び特定盛土等規制法**（通称「盛土規制法」）に改め，土地の用途（宅地，森林，農地等）にかかわらず，危険な盛土を全国一律の基準で規制することとした。

12
社会問題

出る文

➡ 2021年度からの「防災・減災，国土強靭化のための5か年加速化対策」では，風水害対策やインフラ老朽化対策などが講じられる。

➡ 2022年，危険な盛土を全国一律の基準で規制する「宅地造成及び特定盛土等規制法」が成立した。

食品問題

出題可能性 ★ ★

家庭の食品ロスの半分は食べ残し。身近な行政課題として要注意テーマ！

◇食品ロス対策

2020年，政府は初の「**食品ロス削減推進基本方針**」を策定❶。「本来食べられるにもかかわらず捨てられる食品」をなくすための取組みが本格化した。

消費者には，外食では「食べきり」に努め，余った料理はできる範囲で「**持ち帰り**」するように要請❷。生産者と事業者には，規格外品の有効活用や「売り切り」のための工夫などを求めた。

消費者庁は，**賞味期限**（おいしく食べられる期限）と**消費期限**（安全に食べられる期限）の違いについての啓発活動も強化。賞味期限切れ商品の廃棄削減に向け，通称を「おいしいめやす」と決めて普及を図っている。

◇食品リコール届出制度

2021年度に消費者庁に通知された**消費者事故等は1万4941件**。前年より30.9％も増加した。

大きく増えた要因は2021年6月にスタートした**食品リコール（自主回収）届出制度**❸。これにより食品関連事業者等は，アレルゲンや消費期限などについての誤表示・欠落のためにリコール措置をとった場合，すみやかに行政に届け出ることが義務化されたからだ。

消費者庁は**リコール情報サイト**に届出情報を掲載。さらなる健康被害の発生を未然に防ぐとともに，データ分析などを通じて類似の違反事例が出ないよう改善に向けた行政指導を行う。

❶2019年に成立した食品ロス削減推進法に基づく。

❷政府は，食べ残しの持ち帰り行為の新名称として「mottECO（もってこ）」を採用。

❸2018年の改正食品衛生法及び食品表示法に基づく。

✐ エシカル消費

社会・環境に配慮した倫理的な消費行動。消費者による商品・サービス選択において，価格，品質，安全安心と並ぶ第4の尺度となることが期待されている。消費者庁は，普段の買物が未来を変えるという意識の普及を促している。

出る文

➡ 2020年，政府は「食品ロス削減推進基本方針」を策定し，外食での「食べきり」や「持ち帰り」を推奨した。

➡ 2021年に始まった食品リコール届出制度により，2021年度の消費者事故等の件数は約1万5000件へと3割ほど増加した。

12

社会問題

消費者行政

出題可能性 ★★★

政府は消費者基本計画を刷新。不安心理につけ込む悪質商法には厳しく対処！

2022年の『消費者白書』は「変わる若者の消費」を特集。若者の消費者トラブルを防ぐためには，消費者教育だけでなく，若者が相談機関にアクセスしやすいよう，SNSなどを活用することが重要だと指摘した❶。

◆消費者基本計画

2020年，政府は2020〜2024年度の**第4期消費者基本計画**を閣議決定。2021年にはコロナ禍における「新しい生活様式」を踏まえた変更を行った。

①**消費者被害の防止**に向けては，消費者の安全確保や取引・表示の適正化を推進❷。消費者の苦情処理・紛争解決の枠組みの整備を図る。

②**消費者による経済・社会構造の変革**については，消費者と事業者の「協働」を重視。食品ロスの削減，脱炭素社会の実現，持続可能な社会の形成を目指す❸。

③**「新しい生活様式」の実践など消費生活の多様な課題への対応**では，感染症や災害等の緊急時の消費者対策を強化。消費者の不安心理につけ込む悪質商法への厳正な対処や，不確かな情報の拡散で混乱が起きないよう正確な情報発信に取り組む❹。

④**消費者教育・啓発活動の推進**では，2018年の「消費者教育基本方針」を踏まえて対応を強化❺。学校での消費者教育，ライフステージに応じた消費者教育，ネットワーク社会に対応した消費者教育の3つを推進する❻。

⑤**消費者行政の体制整備**では「地方消費者行政強化作戦2020」を策定。消費者被害に遭いやすい高齢者などを念頭に「見守りネットワーク」の取組みを進める。

◆消費者行政に関する近年の法改正

消費者契約法は，契約の際，情報量や交渉力で不利になりやすい消費者を守るための法律。成年年齢の引き下げを意識した2018年の改正法では，「取り消しうる不当な勧誘行為」に，社会生活上の経験不足を不当に利用し

❶若者の消費者トラブルでは，副業などのもうけ話や美容に関するものが多い。

❷輸入食品の安全性についての検査・監視体制も強化する。

❸食品ロスについてはp.161参照。

❹国際化がもたらす「越境消費者トラブル」については，訪日外国人・在留外国人への情報提供や相談体制を強化する。

❺2018年の民法改正で成年年齢は18歳に引き下げ（p.147）。契約に関する未成年者の取消権も18歳までとなった。

❻消費者が情報の発信者になりうる点にも着目し，モラルの遵守や加害者にならないための啓発にも力を入れる。

12
社会問題

た「不安をあおる告知」（就職セミナー商法等）が追加された。恋愛感情に乗じた契約勧誘（デート商法）も不当とみなされる。

　消費者契約法は2022年にも改正❼。契約の取消権を拡充し，勧誘すると告げずに退去困難な場所へ同行させて勧誘する行為や，相談の連絡を妨害する行為などを取消権の対象に含めた。また，解約料の説明も努力義務化。算定根拠を示すよう求めた。

　特定商取引法は，訪問販売や通信販売など消費者トラブルを生じやすい取引についてルールを定めた法律。消費者被害の防止強化に向け，2021年に預託法と併せて改正された（改正特定商取引法・預託法）❽。

　改正法は「**送り付け商法**」への対策を強化。消費者は一方的に送り付けられた商品を直ちに処分できることになった。また，通販の「詐欺的な定期購入商法」についても，誤認させる表示等を直罰化。契約解除の妨害行為も禁止した❾。

　2021年には**取引デジタルプラットフォーム利用消費者利益保護法**も成立・施行。オンラインモールなどの「取引デジタルプラットフォーム（取引DPF）」では，危険商品が流通したり，販売業者が特定できなかったり，といった問題があり，対策が求められていた。

　同法は，首相が危険商品の出品削除等を要請できるよう，規定を整備。また，消費者が損害賠償などを求める場合，取引DPF提供者に対し，販売業者についての情報開示を請求できる権利を創設した。

❼2023年6月施行。

❽2022年6月施行。

❾預託法関連では，販売預託商法（架空商品を購入させ，レンタルすると称して預かる等）を禁止。

高額寄附被害救済・防止法

　正式名称は「法人等による寄附の不当な勧誘の防止等に関する法律」。旧統一教会問題を契機に制定され，6種類の不当勧誘行為の禁止や，借り入れ・財産処分による資金調達の要求の禁止を定めた。違反には必要な勧告・命令を出し，従わない場合には罰金を科す。

出る文

→ 第4期消費者基本計画は消費者教育を重視し，学校での消費者教育の推進などを掲げた。

→ 第4期消費者基本計画は，感染症や災害といった緊急時を念頭に，不安心理につけ込む悪質商法への対策を強化するとした。

→ 2022年の改正消費者契約法は，契約の取消権の対象範囲を拡充し，解約料の説明を努力義務化した。

→ 2021年の改正特定商取引法は，「送り付け商法」対策として，消費者は一方的に送り付けられた商品を処分できると定めた。

男女共同参画社会

出題可能性 ★★

『男女共同参画白書』は結婚と家族に注目。昭和時代の制度や意識は見直し対象！

◇男女共同参画基本計画

2020年12月，政府は男女共同参画社会基本法に基づき，**第5次男女共同参画基本計画**を閣議決定。基本方針と2025年度末までに達成する政策目標を掲げた[1]。

残念ながら，第4次基本計画が掲げた「指導的地位の女性割合を2020年末までに30％に引き上げる」との目標（「2020年30％」目標）は未達成。第5次基本計画は**「2020年代の可能な限り早期に30％程度となるよう目指して取り組みを進める」**とトーンを和らげた[2]。

新基本計画は「地域における女性の活躍」を重点施策と位置づけ，積極的に推進。女性が働きやすく暮らしやすい農山漁村づくりを後押しする。

◇女性の安全・安心

新基本計画は**女性の「安全・安心な暮らしの実現」を強調**。あらゆる暴力の根絶，ひとり親や高齢女性の貧困対策，生涯にわたる健康支援，女性の視点からの防災復興の推進などを掲げた。

女性に対する暴力の根絶については，2020年に策定された**「性犯罪・性暴力対策の強化の方針」**を確実に実行[3]。刑事罰の在り方を検討するとともに，相談体制や被害者支援を充実させる。

ドメスティックバイオレンス（DV）対策では，被害者が一時避難する民間シェルターとの連携を強化。性犯罪被害相談電話の全国共通番号である「#8103（ハートさん）」の周知徹底も図る[4]。

◇女性活躍推進法

2015年，女性活躍推進法が成立（2016年施行）。女性の職業生活における活躍を推進するために，国・地方自治体に加え，労働者301人以上の大企業に対しても，**行動計画の策定・届出・周知・公表**を求めた。

行動計画には数値目標が必要。女性採用比率や女性管

---

[1] 政府は毎年，女性活躍と男女共同参画について「重点方針」を決定。2022年からは「女性版骨太の方針」と呼ぶこととした。

[2] 性別に基づき一定の人数や比率を割り当てる「クオータ制」などのポジティブ・アクション（積極的改善措置）の自主的採用を積極的に促していく。

[3] 「デートDV」の予防に向けた啓発活動の充実も図る。

[4] 電話すると都道府県警の担当窓口につながる。このほか2020年には，配偶者暴力相談支援センター等につながる「#8008（はれれば）」や，性犯罪・性暴力の支援センター等につながる「#8891（はやくワンストップ）」が導入された。

---

12 社会問題

理職比率などを盛り込むことが求められている❺。

同法は2019年に改正。対象となる企業を拡大し，**労働者101人以上300人以下の中小企業にも行動計画の策定等を義務化**した（2022年4月から実施）。

同法は女性活躍について優良な企業に対する認定制度を創設。商品や広告・求人票などに「えるぼし」マークをつけられる。2019年の改正法では，高い水準をクリアした企業に対する「プラチナえるぼし」の認定制度も創設された。

◇**男女共同参画白書**

2022年の『男女共同参画白書』は「**人生100年時代における結婚と家族**」を特集。正規・終身雇用の男性労働者と専業主婦と子どもという「核家族モデル」の減少を踏まえ，昭和時代の制度や意識の見直しを求めた。

また白書は，家族の変化について，**未婚や離別の大幅上昇**を指摘❻。結婚について，男女とも30代の約25％が「結婚意思なし」と回答した点に注目した❼。

単独世帯や共働き世帯の女性が増えている以上，「妻は専業主婦，あるいは働くとしても家計の補助というモデル」が古いことは明らか。白書は，このモデルを前提とした**配偶者控除等の税制，社会保障制度，企業の配偶者手当などの見直し**を提唱し，女性の多くが非正規雇用を選ぶ現状を変える必要があると述べた。

❺2022年7月，厚労省は省令で労働者301人以上の企業に対し，男女の賃金差異の公表を義務づけた。

❻2020年の30歳の未婚割合は女性で約4割，男性で約5割。50歳の独身者割合は男女ともに約3割である。なお50～60歳の独身者の分析では，女性は約半数が離婚を経験しており，男性は約半数が一度も結婚していない。

❼日本では恋愛結婚が約9割。その前提となる「恋人として交際」の経験について，20～30代の独身者では，女性の24.1％，男性の37.6％が「ない」と回答（内閣府調査）。

出る文

➡ 第5次男女共同参画基本計画は，指導的地位における女性の割合を2020年代の早期に30％程度にするとの目標を掲げた。

➡ 2020年に策定された「性犯罪・性暴力対策の強化の方針」は，刑事罰の在り方の検討や相談体制の充実などを盛り込んだ。

➡ 改正女性活躍推進法に基づき，2022年4月から労働者101人以上の中小企業にも数値目標を含む行動計画の策定等が義務化された。

➡ 2022年の『男女共同参画白書』は，結婚と家族の姿の変化を念頭に，配偶者に対する現行制度の見直しの必要性を指摘した。

12
社会問題

政策決定への女性の参画

出題可能性 ★★★

ジェンダー・ギャップの解消は日本社会の重要課題。公務員になるなら注目は当然！

2022年7月，「世界経済フォーラム」は最新のジェンダー・ギャップ指数を発表❶。日本は146か国中の116位と評価された。先進国ではもちろん最低。アジアでも韓国，中国，ASEAN諸国などより順位が低い。きわめて不名誉な結果だった。

この指数に含まれるのは，経済，政治，教育，健康の4分野における男女格差の状況。日本は教育では1位だったものの，政治と経済でかなり厳しい評価となった（政治139位，経済117位）。政策決定や方針決定への女性の参画は喫緊の課題だ❷。

◆女性議員数の動向

女性国会議員の割合は**衆議院で9.7％**。2017年の総選挙後に10.1％に上昇したのに，2021年の総選挙でまた1ケタに逆戻りしてしまった。

一方，**参議院では25.8％**。2022年7月の参院選では過去最多の35人が当選し（改選議員の28％），非改選と合わせた女性議員数は過去最多の64人となった。世界水準には及ばないが，改善している。

2022年の『男女共同参画白書』によると，女性の割合が低いのは地方議会でも同じ❸。東京特別区の区議会（30.7％）と政令指定都市の市議会（20.7％）では比較的高いが，都道府県議会（11.8％），市議会全体（16.2％），町村議会（11.7％）では，女性議員が少ない状況が続いている。

◆候補者男女均等法

2018年，**候補者男女均等法（政治分野における男女共同参画推進法）** が成立。「女性議員の増加がより強く促されるべきだ」という認識に立つ画期的な法律だ。

同法は基本原則で，衆議院，参議院，地方議会の選挙では**「男女の候補者の数ができる限り均等となること」**を目指すと宣言。政治活動の自由に留意しつつも，政党や政治団体は，この基本原則の実現に「自主的に取り組

❶世界経済フォーラムは，世界的に著名な経営者や政治家などが参加する「ダボス会議」で知られる非営利財団。

❷第5次男女共同参画基本計画は，政治分野における女性の参画が遅れている理由について，議員活動と家庭生活の両立困難，人材育成の不足，候補者や政治家に対するハラスメントなどがあると指摘した。

❸以下，数値は白書掲載の2021年末のもの。

📝 国の審議会等の女性委員割合

2021年9月末時点の国の審議会等の女性委員割合は42.3％で過去最高を記録。「2025年までに40％以上」という男女共同参画基本計画の目標を2年続けて達成した。

12
社会問題

むよう努める」と定めた。

ただし，この「立候補者の男女均等」はあくまでも努力義務。違反した政党などに対する罰則はない。

同法は2021年に改正。女性の立候補が妨げられないように，**政党や国・自治体にセクハラやマタハラの防止策を求めた**。また，政党に対しては男女の候補者数の目標設定を要求。候補者選定方法の改善や候補者の人材育成などに取り組むよう求めた。

男女共同参画基本計画が掲げる成果目標は，国政選挙の候補者の女性割合を**2025年までに35%**にすること。候補者男女均等法適用後の選挙を見ると，2021年の総選挙では17.7%で2017年と変わらなかったが，参院選では24.7%（適用前の2016年）から28.1%（2019年），33.2%（2022年）へと着実に上昇してきている。

◇公務員などでの女性割合

国家公務員の役職で見ると，**女性割合は本省課長補佐級で13.3%，本省課室長級では6.4%**。増える傾向にはあるものの，けっして褒められたものではない❹。

地方公務員における課長級職員の女性割合は，都道府県で13.0%，市区町村で18.3%。**部局長・次長級では都道府県が7.4%，市区町村が10.7%**で，着実に増えてはきたが，依然として低い。

女性割合が比較的高いのは司法分野。裁判官の23.0%，検察官の26.0%，弁護士の19.4%が女性となっている。

📝 **企業の決定過程への女性の参画**

企業の管理職（役員と課長相当職以上）の女性割合は13.2%。世界水準にはほど遠い。管理職の女性割合は，欧米諸国では30%以上が当たり前。アジアでもフィリピン（50.5%）やシンガポール（38.9%）など，日本より高いケースが見られる。

❹採用については改善傾向。国家公務員試験からの採用者の女性割合は2022年度37.2%で，毎年35%以上という男女共同参画基本計画の目標を4年連続で達成した。

出る文

➡ 政策決定過程に参画する女性の割合は日本ではきわめて低く，衆議院では1割に満たない。

➡ 2022年7月の参院選では35人の女性が当選し，改選議員に占める女性当選者割合は過去最高の28%となった。

➡ 2018年の候補者男女均等法は，政党などに選挙の立候補者の男女均等を自主的に図るよう求めた。

➡ 2021年の改正候補者男女均等法は，女性の立候補を妨げないよう，政党や国・自治体にセクハラ・マタハラの防止策を求めた。

12
社会問題

国勢調査

出題可能性 ★ ★

今後の政策を考える基礎データ。確定値が出た以上，動向の把握は不可欠！

国勢調査が始まったのは1920年。100年目に当たる2020年調査の結果が総務省統計局から発表された（以下，2021年11月の確定値）❶。

◇日本の人口

2020年の国勢調査によると，2020年10月1日現在，**日本の人口は1億2614万6000人**。2015年の国勢調査と比べ，**94万9000人（0.7％）減少した**❷。

男女別で見ると，男性は約6135万人で，女性は約6480万人。女性が345万人ほど多くなっている。女性を100とした場合の**人口性比は94.7**。高齢者の増加に伴い緩やかに低下している。

総人口のうち，日本人人口は約1億2340万人で，178万人ほど減少。一方，**外国人人口は全人口の2.2％に当たる275万人**で，前回調査より約84万人（43.6％）増加した。

◇都道府県・市町村の人口

都道府県別で人口が最も多いのは，約1405万人が暮らす東京都。全国の1割以上（11.1％）を占めている。2位以下は，神奈川県（924万人），大阪府（884万人），愛知県（754万人），埼玉県（734万人），千葉県（628万人），兵庫県（547万人），北海道（522万人）。これら8都道府県だけで全人口の半数（50.7％）を超える❸。

一方，人口が最も少ない県は鳥取県（約55万人）。次いで島根県，高知県，徳島県，福井県となっている。

人口が増加したのは8都県。増加率が高いのは東京都（3.9％）や沖縄県（2.4％）で，神奈川県，埼玉県，千葉県，愛知県，福岡県，滋賀県と続く❹。

人口が減少した39の道府県のうち，減少率が最も高いのは秋田県（−6.2％）。次いで，岩手県（−5.4％），青森県（−5.4％）と，北東北の人口減少が深刻だ❺。

市町村全体では8割以上が人口減少（1419市町

---

❶外国人については日本に3か月以上滞在する見込みがあれば調査対象になる。

なお，コロナ禍で行われた2020年調査ではインターネットでの回答が呼び掛けられた。

❷国勢調査で人口減少を初めて記録したのは2015年調査。2010年からの5年間に96万2000人（0.8％）減少した。

❸東京圏（東京都，神奈川県，埼玉県，千葉県）だけで全人口の約3割（29.3％）を占めている。

❹このうち5都府県では増加が加速。東京都は2.7％から3.9％へと1.2ポイントも拡大した。

❺39道府県のうち33では減少が加速。

12

社会問題

168

村）**⑥**。しかも，その約半数は減少率が5％以上あり，246の市町村ではこの5年で10％以上も人口が減った。

◇年齢別人口

　年齢3区分別に見ると，15歳未満人口は5年間で12.6％から11.9％に低下。「生産年齢人口」と呼ばれる15～64歳人口も60.9％から59.5％に低下した。

　一方，**65歳以上人口の割合（高齢化率）は26.6％から28.6％に上昇**。過去最高となった。

　都道府県別で高齢化率が最も高いのは秋田県。県民の4割近く（37.5％）が高齢者だ**⑦**。

◇世帯

　日本の世帯数は約5583万。前回調査より約238万世帯（4.5％）の増加となった。

　施設等の世帯を除いた**一般世帯の平均人員は2.21人**。前回の2.33人からさらに減少した。

　一般世帯の約4割は世帯人員が1人の「単独世帯」。世帯人員が多くなるほど世帯数は少なくなる。

　家族類型別に見て，「単独世帯」（38.1％）に次いで多いのは「夫婦と子供から成る世帯」（25.1％）。これに「夫婦のみの世帯」（20.1％），「ひとり親と子供から成る世帯」（9.0％）が続く**⑧**。

　65歳以上の5人に1人（19.0％）が「単独世帯」で生活。男女別では，65歳以上の男性の7人に1人，女性の5人に1人が「一人暮らし」をしている。

⑥人口が増えた市町村は298。そのうち10市町村が10％以上の増加となった。

✎ **世界人口**

　国連は2022年11月に世界人口が80億人に達したと推計。2030年には85億人，2050年には97億人になると予測している。

⑦高知県（35.5％）や山口県（34.6％）がこれに続く。一方，高齢化率が最も低いのは沖縄県（22.6％）。次いで東京都（22.7％），愛知県（25.3％）などとなっている。

⑧前回調査より単独世帯は14.8％増，ひとり親と子供から成る世帯は5.4％増となった。

出る文

→ 2020年の国勢調査によると，日本の人口はおよそ1億2615万人で，前回調査より0.7％減少した。

→ 2020年の国勢調査によると，人口が増加したのは8つの都県だけで，最も増加率が高かったのは東京都だった。

→ 2020年の国勢調査によると，市町村の8割以上で人口が減少しており，その半数が5％を超える減少となった。

→ 1世帯当たりの平均人員は2.21人で，一般世帯の約4割が単独世帯になっている。

12
社会問題

社会問題の出る文穴埋めチェック

❶2021年の改正災害対策基本法は，（　　　）行動要支援者ごとの個別（　　　）計画の作成を市町村の努力義務とした。　→p.159

❷（　　　）基本計画は2021年に修正され，避難所における感染症対策の強化が図られることになった。　→p.159

❸2021年度からの「防災・減災，国土（　　　）化のための5か年加速化対策」では，風水害対策やインフラ老朽化対策などが講じられる。　→p.160

❹2020年，政府は「（　　　）削減推進基本方針」を策定し，外食での「食べきり」や「持ち帰り」を推奨した。　→p.161

❺第4期（　　　）基本計画は，感染症や災害といった緊急時を念頭に，不安心理につけ込む悪質商法への対策を強化するとした。　→p.163

❻2021年の改正（　　　）法は，「送り付け商法」対策として，消費者は一方的に送り付けられた商品を処分できると定めた。　→p.163

❼第5次男女共同参画基本計画は，指導的地位における女性の割合を2020年代の早期に（　　　）％程度にするとの目標を掲げた。　→p.165

❽改正（　　　）推進法に基づき，2022年4月から労働者101人以上の中小企業にも数値目標を含む行動計画の策定等が義務化された。　→p.165

❾2022年7月の（　　　）では35人の女性が当選し，改選議員に占める女性当選者割合は過去最高の28％となった。　→p.167

❿2020年の国勢調査によると，市町村の（　　　）割以上で人口が減少しており，その半数が5％を超える減少となった。　→p.169

解　答

❶**避難**：なお，「避難行動要支援者名簿」の作成は市町村の義務（約99％の市町村がすでに実施）。

❷**防災**：「ウィズコロナ時代」を意識した修正。

❸**強靱**：災害時でも機能不全に陥らない経済社会システムの構築を目指す。

❹**食品ロス**：2019年の「食品ロス削減推進法」に基づいて策定された。

❺**消費者**：不確かな情報の拡散防止にも取り組む。

❻**特定商取引**：通販の詐欺的定期購入商法も誤認表示等を直罰化。

❼**30**：「2020年30％」目標が実現しなかったため，表現が和らげられた。

❽**女性活躍**：行動計画には女性採用比率や女性管理職比率などの数値目標も記載するよう求められている。

❾**参院選**：参議院選挙でも通常選挙でももちろんOK。

❿**8**：都道府県でも8割以上（39道府県）が人口減少となった。

索引

＊色文字は見出し用語を表しています。

【あ】
RE100　134
RCEP　61
ISUT　159
ICT　116
ICBM　39
愛知目標　138
IPCC　130
IPCC評価報告書　130
IPEF　60
あおり運転　154
赤字国債　70
アクティブ・ラーニング
　116，120
アジア経済　83
アジア情勢　36
ASEAN　36
ASEAN経済　83
アダムズ方式　18
新しい資本主義　12，16，54，
　56
新しい資本主義のグランドデザ
　イン及び実行計画　16
新しい生活様式　162
アフガニスタン情勢　38
アフリカ開発会議　21
安倍晋三　12
アベノミクス　12
奄美大島，徳之島，沖縄東北部
　及び西表島　126
アメリカ経済　78
アメリカ政治　34
アメリカ大統領選挙　34
アメリカ連邦議会選挙　35
誤り耐性型汎用量子コンピュー
　タ　123
アルテミス計画　122
安全運転サポート車　154
安全保障関連３文書　24
アンモニア発電　135，137

【い】
ESG金融　134
ECB　82
ETF　62

EPA　60
EV　133
EU離脱　32
イールドカーブ・コントロール
　62
イギリス経済　78
イギリス政治　32
育児・介護休業法　109
育児休業　109
育児休業取得率　109
違憲状態　19
異常気象　130
イタリア政治　32
イタリアの同胞　32
一時保護　89
1.5度目標　131
一般会計歳出　66
一般会計歳入　67
一般会計当初予算　66
一般会計補正予算　68
一般歳出　66
１票の格差　19
iDeCo　53，97
iDeCo＋　97
イノベーション　16
イプシロンロケット　122
IPBES　138
医薬品医療機器等法　95
イラン核合意　39
イラン　39
イラン大統領選挙　39
医療　94
医療費の窓口負担割合　94
医療法　94
インド経済　83
インド太平洋経済枠組み　60
インバウンド　44，55，58
インボイス　67

【う】
ウイグル人権問題　37
Web3.0　13
ウクライナ情勢経済緊急対応予
　備費　55

ウクライナ侵略　25，28，30，
　35，47，82，84，85，135
宇宙・サイバー・電磁波領域
　25
宇宙開発　122
宇宙基本計画　122
宇宙航空研究開発機構　122
ウポポイ　125
運転技能検査　154
運転手不足対策　154
運転免許証　155

【え】
H3ロケット　122
HTV-X　122
エシカル消費　161
SLBM　39
SDGs　121
越境消費者トラブル　162
NPT運用検討会議　20
エネルギー安全保障　135
エネルギー問題　135
エネルギー基本計画　135
FRB　79
FF金利　79
FTA　60
M字カーブ　110
L字カーブ　110
えるぼし　165
エルマウ・サミット　30
遠隔操作型小型車　155
円借款　23

【お】
欧州中央銀行　82
OECD　23
AUKUS　34
大阪ブルー・オーシャン・ビジ
　ョン　140
オーストラリア政治　35
ODA　22
オーバーシュート型コミットメ
　ント　62
オープンイノベーション　17

171

オープンイノベーション促進税
　制　69
大湯環状列石　127
送り付け商法　163
OPEC　84
OPEC プラス　84
親子法制　145
温室効果ガス排出量　132
オンライン関係人口　15

【か】
カーボンニュートラル　132
カーボンプライシング制度
　137
カーボンリサイクル　136
海溝型地震　159
介護休業　109
外国語活動　120
外国人口　168
介護サービス利用者数　99
介護福祉士　99
介護保険制度　99
介護離職ゼロ　99
海賊版　150
開発援助委員会　23
開発協力大綱　22
外来機能報告制度　95
外来生物法　138
科学技術・イノベーション基本
　計画　121
科学技術・イノベーション基本
　法　121
科学技術政策　121
核開発　39
核家族モデル　165
核軍縮　39
核合意　39
学習指導要領　120
確定拠出年金　97
学童保育　93
核不拡散条約運用検討会議　20
核兵器禁止条約　39
核兵器のない世界　20
家計部門　43
化石燃料依存度　135
学級編制　117
学校安全の推進に関する計画
　158
学校における働き方改革　117
歌舞伎　127
仮名加工情報　149
過労死　107
簡易型確定拠出年金　97

環境基本計画　141
関係人口　15
観光政策　58
韓国政治　36
韓国大統領選挙　36
完全失業率　48
感染症法　98
環太平洋パートナーシップ　60

【き】
GIGA スクール構想　120
企業型確定拠出年金　97
企業物価　47
気候関連財務情報開示タスクフ
　ォース　134
気候危機　130
気候クラブ　30
気候変動適応計画　133
気候変動に関する政府間パネル
　130
気候変動枠組条約締約国会議
　131
岸田文雄　12
期日前投票　18
気象災害　130
基礎的財政収支　48
北大西洋条約機構　29
北朝鮮　39
希望出生率　90，92
求人情報　108
旧統一教会問題　163
教育再生実行会議　118
教育振興基本計画　119
教育未来創造会議　118
教員による児童生徒性暴力防止
　法　116
教員免許更新制　117
共産党　18
共助　158
共同富裕　36
共和党（アメリカ）　35
拒否権　28
キリスト教民主・社会同盟　33
緊急安全確保　158
緊急事態宣言　42
緊急承認制度　95
均衡待遇　105
均等待遇　105
勤務間インターバル制度　106
金融政策　62

【く】
クアッド　34

クオータ制　164
国と地方の長期債務残高　70
クラウドソーシング　104
グリーンイノベーション　136
クリーンエネルギー戦略　136
グリーン成長戦略　136
グリーントランスフォーメーシ
　ョン　17，136
グリーントランスフォーメーシ
　ョン実行会議　136
クリミア併合　28
グレーゾーン事態　24
グローバル戦略情報官　24

【け】
警戒レベル　159
経済安全保障　12，16，52
経済安全保障推進法　52
経済協力開発機構　23
経済財政運営と改革の基本方針
　2022　71
経済制裁　29，39
経済成長率　42
経済対策　54
経済と環境の好循環　136
経済連携協定　60
経常収支　44
継続雇用制度　112
刑法　144
刑法犯少年　153
刑法犯認知件数　152
Gateway　122
結婚新生活支援事業　92
権威主義　34
兼業　104
現金給与総額　49
健康寿命　95
健康保険　96
健康保険法　94
原子力発電　135，136
建設国債　70
原則逆送対象事件　153
建築物省エネ法　134
県民割　58
原油価格　84
原油価格・物価高騰等総合緊急
　対策　54，68
権利制限規定　151

【こ】
交易損失　44
公開市場操作　63

172

高額寄附被害救済・防止法
　163
公共　120
公共事業関係費　66
拘禁刑　144
合計特殊出生率　90
公債依存度　67
公債金収入　67
公職選挙法　18
厚生年金　96
高大接続改革　118
交通安全計画　155
交通事故死者数　154
交通事故の状況　154
公的年金　96
高等教育改革　118
高度プロフェッショナル制度
　106
高年齢者雇用安定法　112
高年齢者雇用確保措置　112
候補者男女均等法　166
公明党　18
高齢運転者　154
高齢化率　91，169
高齢者人口　91
高齢者の就業　112
Go To トラベル　58
コールド・チェーン　22
小型月着陸実証機　122
国債　70
国際収支　44
国債費　66
国債保有残高　70
国債保有者内訳　70
国政選挙　18
国勢調査　168
国籍法　147
国土強靭化　160
国土強靭化基本法　160
国内企業物価　47
国内総生産　42
国民審査法　19
国民負担率　74
国民民主党　18
国立アイヌ民族博物館　125
国連教育科学文化機関　126
国連人権高等弁務官事務所　37
国連分担金　20
個人型確定拠出年金　53，97
個人消費　42，43
個人情報保護委員会　149
個人情報保護法　149
個人所得課税　69

国家安全保障戦略　24
国家防衛戦略　25
COP26　131
COP27　131
孤独・孤立対策　100
孤独・孤立対策の重点計画
　100
こども家庭センター　89
こども家庭庁　12，88
こども基本法　88
子ども・子育て支援法　93
こども政策　88
子どもの権利条約　88
雇用型テレワーク　104
雇用障害者数　113
雇用保険　112
雇用保険法　108
雇用保険法等　108
コロナ及び原油価格・物価高騰
　対策予備費　55
コロナ克服・新時代開拓のため
　の経済対策　54
婚姻開始年齢　147
コンセッション方式　17，56
昆明・モントリオール生物多様
　性枠組　138

【さ】
30by30　138
サービス収支　45
災害時情報集約支援チーム
　159
災害対策基本法　158
最高裁判所　19
歳出　66
在職定時改定制度　96
在職老齢年金制度　96
財政赤字の国際比較　72
再生可能エネルギー　132，
　135，136
財政健全化　71
財政収支　72
財政投融資　67
在宅勤務　104
最低賃金　49
歳入　67
サイバーセキュリティ戦略　25
サイバー犯罪　152
債務残高　70，72
指値オペ　63
サテライトオフィス勤務　104
佐渡島の金山　127

SATOYAMA イニシアティブ
　139
サポカー　154
サポステ　111
参議院選挙　18
残業規制　106
産業財産権　45
産後パパ育休　109
三内丸山遺跡　126

【し】
GX　17，136
GX 経済移行債　17，137
GX 実現に向けた基本方針　136
GX 実行会議　136
G7サミット　30
GDP　42
GDP ギャップ　47
GDP デフレーター　47
GPIF　96
CPTPP　61
死因　95
J アラート　39
自営型テレワーク　104
J-REIT　62
ジェンダー・ギャップ指数
　166
自家消費型太陽光発電　133
時間外労働規制　106
事業復活支援金　54
自殺死亡率　100
自殺者数　100
自殺総合対策大綱　100
自殺対策　100
資産課税　69
資産購入プログラム　82
資産所得倍増プラン　53
自助　158
地震対策　159
自然遺産　126
自然公園法　138
自然再興　139
持続可能な開発目標　121
失業率　48
実雇用率　113
実質GDP成長率　42
自動運転　154
児童虐待　89
児童相談所　89
児童手当法　93
児童福祉法　89
司法審査　89
自民党　18

173

社会福祉士　99
社会保障関係費　66
社会保障給付費　74
社会保障の給付と負担　74
社会民主党（ドイツ）　33
JAXA　122
若年者の雇用　111
若年層の完全失業率　111
若年無業者　111
衆議院選挙　18
就業状況　48
習近平　36
就職率　111
10増10減　18
住宅投資　43
住宅ローン控除　69
自由で開かれたインド太平洋
　20
柔軟な働き方　104
自由貿易協定　60
重要土地調査法　52
就労選択支援制度　101
受給開始時期　97
主権者教育　120
出国日本人数　58
出生時育児休業　109
寿命　95
需要項目　42
主要国首脳会議　30
準公共分野　13
小1の壁　93
生涯現役支援窓口　112
障害者雇用促進法　113
障害者差別解消法　101
障害者情報アクセシビリティ・
　コミュニケーション施策推進
　法　101
障害者制度　101
障害者総合支援法　101
障害者の雇用　113
生涯未婚率　90
少額投資非課税制度　53
少子化　90
少子化社会対策大綱　92
少子化対策　92
少子高齢化　90
少年犯罪　153
少年法　153
消費期限　161
消費者基本計画　162
消費者教育　120
消費者教育基本方針　162
消費者行政　162

消費者契約法　162
消費者物価　47
情報通信技術　116
賞味期限　161
縄文文化　127
職業安定法　108
食品問題　161
食品リコール届出制度　161
食品ロス　161
食品ロス削減推進基本方針
　161
食料価格　85
食料自給率　57
女性活躍推進法　164
女性議員割合　166
女性の労働力率　110
女性の就業　110
所定外給与　49
所定内給与　49
所有者不明土地　148
ショルツ　33
ジョンソン　32
自立援助ホーム　89
新学習指導要領　120
新型コロナウイルス感染症　12
新型コロナウイルス感染症対策
　予備費　66
新型コロナ対応資金繰り支援特
　別プログラム　62
新規国債発行額　67
新疆ウイグル自治区　37
新疆綿　37
新経済・財政再生計画　71
人口減少　168
新子育て安心プラン　92
新時代リアリズム外交　20
人生100年時代　165
新・放課後子ども総合プラン
　93

【す】
水素発電　135, 137
水防災　158
水陸機動団　25
スウェーデン政治　33
菅義偉　12
スタートアップ　17
スタートアップ育成5か年計画
　53
スタンド・オフ防衛能力　25
ストーカー規制法　152
スナク　32
スポーツ基本計画　124

スポーツ実施率　122
スポーツ政策　124
SLIM　122

【せ】
政策決定への女性の参画　166
生産資材価格　85
生産年齢人口　169
政治分野における男女共同参画
　推進法　166
税収　67
税制改正　69
成長志向型カーボンプライシン
　グ構想　137
成長と分配の好循環　12
成年年齢引き下げ　147
税の国際比較　73
性犯罪・性暴力対策の強化の方
　針　164
政府開発援助　22
生物多様性　138
生物多様性及び生態系サービス
　に関する政府間科学政策プラ
　ットフォーム　138
生物多様性国家戦略　139
生物多様性条約締約国会議
　138
政府の債務　70
世界遺産　126
世界人口　169
世界貿易機関　85
石炭火力発電　131
責任のある観光　126
石油輸出国機構　84
セクシュアルハラスメント
　110
セクハラ　110, 167
世帯数　169
積極的改善措置　164
絶対安定多数　18
設備投資　42
絶滅危惧種　139
ゼロカーボンシティ　133
専業主婦　165
選挙権年齢　147
全国瞬時警報システム　39
全国旅行支援　59
潜在的な国民負担率　74
大陸間弾道ミサイル　39
潜水艦発射弾道ミサイル　39
専制主義　34

【そ】
総選挙　18
相続登記　148
相続土地国庫帰属法　148
総貯蓄率　46
総投資率　46
贈与相当額計上方式　23
Society 5.0　121
租税負担率　73

【た】
第一次所得収支　44
大学入学共通テスト　118
待機児童　92
第2のふるさとづくりプロジェクト　59
大連立政権　33
台湾総統選挙　37
多次元統合防衛力　25
タスクシェア　94
タスクシフト　94
DAC　23
脱炭素化支援機構　134
脱炭素経営　134
脱炭素先行地域　133
脱炭素de豊かな暮らし運動　137
脱炭素ドミノ　133
WTI原油先物価格　84
WTO　85
タリバン　38
男女共同参画基本計画　164
男女共同参画社会　164
男女雇用機会均等法　110
単独世帯　169

【ち】
地域脱炭素ロードマップ　132
地域医療構想　94
地域観光事業支援　58
地域循環共生圏　141
地域的な包括的経済連携　61
地域若者サポートステーション　111
地球温暖化対策　130
地球温暖化対策推進法　132,134
地球温暖化対策計画　132
地区防災計画　158
知的財産権等使用料　45
地方一般歳出　75
地方交付税交付金　66
地方債　75

地方財政計画　75
地方消費者行政強化作戦2020　162
嫡出推定制度　145
嫡出否認制度　145
中間選挙　35
中国経済　80
中国政治　36
中国の貿易　81
チュニス宣言　21
懲戒権　145
長期金利　63
長期債務残高　70
超スマート社会　121
長短金利操作付き量的・質的金融緩和　62
著作権法　150
貯蓄・投資バランス　46
賃金　49

【つ】
月周回有人拠点　122

【て】
DX　15,17
DC　97
TPP　60
TPP11　61
DV　152,164
DV防止法　152
TICAD　21
定数是正　18
デートDV　164
デート商法　163
デジタル重点計画　13
デジタル人材地域還流戦略パッケージ　14
デジタル推進委員　14
デジタル庁　13
デジタル田園都市国家構想　12,13,14
デジタル田園都市国家構想基本方針　14
デジタル田園都市国家構想総合戦略　15
デジタル田園都市スーパーハイウェイ　14
デジタルトランスフォーメーション　15,17
デジタル臨時行政調査会　13
デジタル臨調　13
Digi田甲子園　14
テレワーク　104

電気自動車　133
電子処方箋　95
電動キックボード　155
伝統建築工匠の技　127
電動車100%　136

【と】
ドイツ政治　33
同一労働同一賃金　105
東京栄養サミット　22
統合防空ミサイル防衛力　25
同時多発テロ　38
ドゥテルテ　37
東南アジア諸国連合　36
投票率　18
道路交通法　154
特定小型原動機付自転車　155
特定自動運行　154
特定商取引法　163
特定少年　153
特定募集情報等提供事業者　108
特定枠　19
特別給与　49
特別軍事作戦　28
特例国債　70
特例郵便等投票　18
図書館の権利制限規定　151
ドメスティックバイオレンス　164
共に民主党　36
トライアル雇用奨励金　111
ドラギ　32
トラス　32
トランプ　34
取引デジタルプラットフォーム利用消費者利益保護法　163

【な】
内閣　12
ナショナル・レジリエンス　160
NATO　29
南海トラフ地震防災対策推進基本計画　159

【に】
NISA　53
ニート　111
「2020年30%」目標　164
2040年に向けた高等教育のグランドデザイン　118

175

日ASEAN包括的経済連携協定　60
日豪共同宣言　24
日米デジタル貿易協定　61
日米貿易協定　61
日露関係　20
日韓関係　21
日中関係　21
日本維新の会　18
日本の温暖化対策　132
日本の外交　20
日本のGDP　42
日本の人口　168
日本の先端技術　122
人間の安全保障　22
認知症対策　99

【ね】
ネイチャーポジティブ　139
年間総実労働時間　107
年金制度　96
年金制度改正法　96
年金積立金管理運用独立行政法人　96
年次有給休暇　106
年次有給休暇取得率　107
年少人口比率　90
年齢制限　147
年齢別人口　169

【の】
能楽　127
農業　57
農林水産物・食品輸出促進法　57
ノーベル賞　121

【は】
パートタイム労働者　49，105
バイオエコノミー　123
バイオ戦略2020　123
バイオマスプラスチック　140
排出権　131
排出量取引制度　137
バイデン　34
ハイブリッド戦　24
博物館法　125
派遣労働者　105
働き方改革　117
働き方改革関連法　106
はやぶさ2　122
パリ協定　131

パリ協定と整合した目標設定　134
ハリス　34
ハンガリー政治　32
反撃能力　24
晩婚化　90
犯罪の動き　152
晩産化　90
半導体支援法　52
半導体不足　45
半割れ　159

【ひ】
ヒアリ　138
PFI　56
PFI法　56
PPP　56
PPP／PFI　56
PPP／PFI推進アクションプラン　56
非正規雇用　48，105
人への投資と分配　53
非難決議　28
避難行動要支援者名簿　158
被用者保険　96
病床機能再編支援事業　94
ヒロシマ・アクション・プラン　20
広島サミット　30

【ふ】
フィリピン政治　37
プーチン　28
フェデラル・ファンドレート　79
賦課金制度　137
富岳　122
部活動改革　117
部活動ガイドライン　117
武器貸与法　35
副業　104
副業・兼業の促進に関するガイドライン　104
侮辱罪　144
普通国債残高　70
物価　46
物価安定の目標　62
物価高克服・経済再生実現のための総合経済対策　55，68
不動産登記制度　148
不妊治療　92
不法占拠　21
プライマリーバランス　71

プラスチック資源循環　140
プラスチック資源循環戦略　140
プラスチック資源循環促進法　140
プラチナえるぼし　165
フランス議会選挙　31
フランス政治　31
フランス大統領選挙　31
フリーター　111
フリーランス　104
風流踊　127
フルオロカーボン　132
ブレグジット　32
ブレジャー　59
プログラミング教育　120
プロバイダ責任制限法　144
文化遺産　126
文化観光推進法　125
文化芸術基本法　125
文化芸術推進基本計画　125
文化芸術立国　125
文化政策　125
文教及び科学振興費　66

【へ】
平均初婚年齢　90
平和のための岸田ビジョン　20
ベネフィットコーポレーション　17

【ほ】
防衛関係費　66
防衛力整備計画　25
貿易収支　44
妨害運転　154
放課後子供教室　93
放課後児童クラブ　93
包括的・先進的なTPP協定　61
防災・減災，国土強靭化のための5か年加速化対策　160
防災基本計画　158
防災教育　120
防災対策　158
法人課税　69
法人実効税率　73
法人税の最低税率　73
放送番組のインターネット同時配信　151
法定雇用率　113
法定審理期間訴訟手続　146
訪日外国人旅行者数　58
ポジティブ・アクション　164

補正予算　68
北海道・北東北の縄文遺跡群
　126
北方領土　21
骨太方針2022　71

【ま】
マイクロツーリズム　59
マイナス金利　62
マイナンバーカード　13，155
マクロン　31
マタニティハラスメント　110
マタハラ　110，167
窓口負担割合　94
マナパス　119
真鍋淑郎　121
マネタリーベース　62
マルコス　37
マルチステークホルダー型企業
　社会　17

【み】
未婚率　90
未成年者取消権　147，162
3つの移行　141
みどりの食料システム戦略　57
見守りネットワーク　162
ミャンマー政治　36
民事訴訟法　146
民主主義サミット　34
民主主義と専制主義の闘い　34
民主党（アメリカ）　35
ミンスク合意　28
民族共生象徴空間　125
民法　145，147，148

【む】
無形文化遺産　127
無人アセット　25
文在寅　36

【め】
メルケル　33
メローニ　32

【も】
持家着工戸数　43
mottECO　161
モデル就業規制　104
モバイル勤務　104
モビリティの高度化　13
盛土規制法　160

【や】
薬機法　95
ヤングケアラー　88

【ゆ】
有期雇用労働者　105
有効求人倍率　48
有償資金協力　23
ユース非核リーダー基金　20
ユーロ圏経済　82
ユニバーサル・ヘルス・カバレ
　ッジ　22
輸入物価　47
UNESCO　126
尹錫悦　36

【よ】
洋上風力発電　136
養親年齢　147
ヨーロッパ情勢　32
預託法　163

【ら】
ライシ　39
来訪神　127
ラスト・ワン・マイル支援　22
ランサムウェア　152

【り】
リーチアプリ　150
リーチサイト　150
リカレント教育　118
リコール情報サイト　161
立憲民主党　18
量子コンピュータ　123
量子未来社会ビジョン　123
量的・質的金融緩和　62
旅行収支　45

【れ】
れいわ新選組　18
令和の日本型学校教育　116
令和4年度税制改正　69
レッドリスト　139
連続指値オペ制度　63
連邦準備制度理事会　79

【ろ】
労働時間　107
労働時間制度　106
労働市場　48
ローカルSDGs　141
ロシア　28

【わ】
ワーク・ライフ・バランス
　91，106
ワーケーション　59
我が国の未来をけん引する大学
　等と社会の在り方について
　118
わかものハローワーク　111
ワクチン接種　98
和食　127
割増賃金率　106
ワンウェイプラスチック　140

177

執筆責任者

高瀬淳一

名古屋外国語大学世界共生学部・同大学院教授，グローバル共生社会研究所所長。
主著：『サミットがわかれば世界が読める』（名古屋外国語大学出版会），『政治家を疑え』
（講談社），『できる大人はこう考える』（ちくま新書），『「不利益分配」社会－個人と政治の
新しい関係』（ちくま新書），『武器としての〈言葉政治〉－不利益分配時代の政治手法』（講
談社選書メチエ），『情報政治学講義』（新評論），『情報と政治』（新評論），『サミット』（芦
書房），『行政５科目まるごとパスワードneo2』，『行政５科目まるごとインストール
neo2』，『集中講義！ 国際関係の過去問』，『20日間で学ぶ国際関係の基礎』，『はじめて学ぶ
国際関係』，『論文・面接で問われる行政課題・政策論のポイント』（以上，実務教育出版）

本文組版：㈱森の印刷屋　　カバーデザイン：斉藤よしのぶ　　イラスト：高木みなこ

●本書の内容に関するお問合せについて
　本書の内容に誤りと思われるところがありましたら，お手数ですがまずは小社のブックスサイ
ト（jitsumu.hondana.jp）中の本書ページ内にある正誤表・訂正表をご確認ください。正誤表・
訂正表がない場合や，正誤表・訂正表に該当箇所が掲載されていない場合は，書名，発行年月日，
お客様のお名前・連絡先，該当箇所のページ番号と具体的な誤りの内容・理由等をご記入のうえ，
郵便，FAX，メールにてお問合せください。
　〒163-8671　東京都新宿区新宿1-1-12　実務教育出版　第二編集部問合せ窓口
　FAX：03-5369-2237　　E-mail：jitsumu_2hen@jitsumu.co.jp
【ご注意】※電話でのお問合せは，一切受け付けておりません。
　　　　　※内容の正誤以外のお問合せ（詳しい解説・受験指導のご要望等）には対応できません。

令和5年度試験完全対応　公務員試験　速攻の時事

2023年2月20日　初版第1刷発行　　　　　　　　　　　　　　　　　〈検印省略〉

編　者──資格試験研究会
発行者──小山隆之
発行所──株式会社実務教育出版
　　　　　〒163-8671　東京都新宿区新宿1-1-12
　　　　　☎編集03-3355-1812　販売03-3355-1951
　　　　　振替　00160-0-78270
印刷・製本──図書印刷

©JITSUMUKYOIKU SHUPPAN 2023
ISBN978-4-7889-4535-7 C0030　Printed in Japan
著作権法上での例外を除き，本書の全部または一部を無断で複写，複製，転載することを禁じます。
落丁・乱丁本は本社にておとりかえいたします。